Knaur.

Über die Autorin:

Jessica Kastrop wurde zwei Tage nach dem Eröffnungsspiel der Fußball-WM 1974 geboren, was der Grundstein für ihre Fußballbegeisterung ist. Heute moderiert die Sportjournalistin die Bundesliga und die Europa League auf Sky.

Jessica Kastrop

LIEBE IN ZEITEN DER CHAMPIONS LEAGUE

Die besten Beziehungstipps für fußballgeplagte Frauen

KNAUR TASCHENBUCH VERLAG

Besuchen Sie uns im Internet:
www.knaur.de

FSC
www.fsc.org
MIX
Papier aus verantwortungsvollen Quellen
FSC® C014496

Originalausgabe Mai 2012

Ein Unternehmen der Droemerschen Verlagsanstalt
Th. Knaur Nachf. GmbH & Co. KG, München

Umschlaggestaltung: ZERO Werbeagentur, München
Umschlagabbildung: FinePic®, München
Satz: Adobe InDesign im Verlag
Druck und Bindung: GGP Media GmbH, Pößneck
Printed in Germany
ISBN 978-3-426-78545-4

2 4 5 3

Für Christiane

»Hass gehört nicht ins Stadion. Solche Gefühle soll man gemeinsam mit seiner Frau im Wohnzimmer ausleben.«

Berti Vogts, ehemaliger Bundestrainer

Inhalt

Einleitung

Sarah und Benny sind seit drei Jahren ein überdurchschnittlich glückliches Paar. Kennengelernt haben sich die beiden in einer urigen Fankneipe in Köln. Sarah und Benny sind nämlich beide glühende Anhänger von Werder Bremen, und ich könnte schwören, dass ihre Bettwäsche sogar das grün-weiße Vereinsdekor ziert. Ernsthaft!

Die beiden verbindet ihre große Leidenschaft, der Fußball. Wie herrlich. Beim Frühstück gehen sie noch einmal die 80. Minute des letzten Werder-Spiels durch und warum Stürmer Claudio Pizarro bei der einen Szene vielleicht doch besser mit rechts abgezogen hätte …

»Zumindest über unseren Verein streiten wir uns nicht«, sagt Sarah mit einem Lächeln. »Ich kann aber verstehen, dass andere Frauen manchmal genervt sind.«

Sarah und Benny leben Fußballharmonie pur. Allerdings sieht die Sachlage an vielen deutschen Frühstückstischen vollkommen anders aus, wenn es um das runde Leder geht. Wie oft herrscht am Wochenende Knatsch daheim, wenn der Familienvater das Stadion dem Freibad vorzieht, der frisch Verliebte plötzlich seine Verliebtheit vergisst und der geleckte, schnieke Intellektuelle sinnentleerte Drei-Wort-Sätze grölt.

Der Streit um die schönste Nebensache der Welt (zumindest für die Männer) geht international an jedem Spieltag in die nächste Runde. Und, liebe Damen, da geht es den Spanierinnen, Französinnen, Schwedinnen oder Italienerinnen auch nicht anders.

Der Fußball als europavereinender Zankapfel – diesen Gedanken finde ich überaus schade, als Frau und als Fußballfan. Klar gibt es Grenzen. All jene, deren Göttergatte die Urlaubs-

kasse für den Trip nach Manchester plündert – mit dem Hinweis, dass dort ja »Geschichte geschrieben werden kann, das musst du doch verstehen, Schatz« –, haben selbstverständlich ein Anrecht auf ein »Auswärtsspiel« in Venedig.
Blöd nur, dass der AC Venedig 2005 bankrottging und mittlerweile in der vierten Liga spielt. Da bekommen Sie für Ihren Göttergatten und sich einfach keine Champions-League-Tickets …
Mit diesem Buch möchte ich um Verständnis werben für beide Seiten. Ich möchte, dass Frauen verstehen, warum ihren Männern der Fußball so wichtig ist – und warum sie das nicht persönlich nehmen sollten.
Aber spätestens nach der Lektüre dieses Buchs sollten auch die Männer verstehen, warum ihre Frauen sich möglicherweise zurückgesetzt fühlen, wenn bei ihnen immer alles darum geht, das Runde ins Eckige zu bringen.
Und schließlich möchte ich, immer mit dem Fuß am Ball, einmal über das gesamte Spielfeld der Liebe laufen und an den verschiedenen Stationen einer Liebesbeziehung anhand konkreter »Spielsituationen« aufzeigen, wie sich beide mit dem Fußball wohl fühlen können.
Denn die wichtigste Spielregel der Liebe lautet: Lass den Partner so, wie er ist – ändern kannst du ihn ja sowieso nicht. Finden Sie stattdessen heraus, wie Ihr Liebes-Libero tickt, werfen Sie einen Blick in diese Männerdomäne, und lernen Sie daraus. Keine Angst, Sie sollen nicht zur Fachfrau in Sachen Fußball mutieren. Ich beschäftige mich seit 17 Jahren beruflich mit der Bundesliga und höre oft: Wow, dir müssen die Kerle ja zu Füßen liegen, so wie du dich mit Fußball auskennst. Doch meine Erfahrung besagt: Das Gegenteil ist der Fall. Noch immer gilt wohl, dass sich Männer leicht einschüchtern lassen, wenn eine Frau sich auf »ihrem« Gebiet besser auskennt als sie selbst.

Daher brauchen Sie auch nicht zu befürchten, dass ich mich im Klein-Klein der Fußballtaktik und Bundesliga-Tabellen-Analyse verirre: Hier geht es ums große Ganze! Und um die Liebe – nicht nur zum Fußball.

Ein arabisches Sprichwort lautet: Der Feind meines Feindes ist mein Freund. Drehen Sie den Spieß also um, freunden Sie sich mit Ihrem vermeintlichen Feind an, und Sie werden merken: Fußball ist nur ein Spiel. Auch wenn Ihr Mann das natürlich anders sieht.

Doch wenn Sie das Spiel und die Regeln kennen, haben Sie eigentlich schon gewonnen. Auch in der Liebe. Ob sie nun Single sind oder schon verheiratet: Wenn es ums runde Leder geht, offenbaren Männer Einblicke in ihre Seele, die Ihnen ohne Kenntnis des Spiels und der Zusammenhänge vielleicht entgehen würden.

Als mein Heimatverein, der 1. FC Kaiserslautern, in der Champions-League-Qualifikation gegen den FC Barcelona 1991 im Hinspiel mit 0:2 verlor, beim Rückspiel aber 3:0 führte – damit wären sie eine Runde weitergekommen –, um schließlich in der Schlussminute noch das tödliche Gegentor zu kassieren, da habe ich zum ersten Mal erwachsene Männer weinen sehen.

Oder denken Sie an die Mutter aller Niederlagen, 1999 im Finale der Champions League. Die Bayern führten 1:0 seit der 6. Minute, um dann in der Nachspielzeit noch das 1:1 und das 1:2 zu kassieren. Das sind für Männer Trauermomente für die Ewigkeit. Wäre es nicht schön, wenn Sie diese empfindsame Seite an Ihrem Kerl verstehen könnten?

Doch mir geht es auch um die vielen Gemeinsamkeiten von Fußball und Liebe, die sich oft schon in der Wortwahl zeigen, vom »Anpfiff« bis zur »Nachspielzeit«.

Wie verbindend der Fußballgedanke auch zwischen den Geschlechtern sein kann, hat nicht zuletzt Kofi Annan, der ehemalige UN-Generalsekretär, auf den Punkt gebracht: »Ich kann mir nichts vorstellen, das die Leute so zusammenbringt wie der Fußball.« Sie werden widersprechen? Geht es bei Ihnen zu Hause zu, wie es Kevin Großkreutz, deutscher Meister mit Borussia Dortmund, bei mir im Studio in seinem Lieblingslied besang: »Kommst du abends besoffen nach Haus, schimpft deine Alte dich gleich aus – wo kommst du her, du besoffenes Schwein? Vom BVB – mein Verein ...«? Da muss Abhilfe her.

Ich schreibe daher mein Buch für Frauen, für Männer, für alle, die den Fußball lieben, und für alle, die ihn – noch – hassen. Ich widme es meiner Freundin Christiane, der größten Kämpferin der Welt.

Sarah und Benny, unsere Fußballfans, streiten übrigens auch recht häufig, sie diskutieren viel, er ruft viel zu selten an, sie muss immer mitten in die Fernsehübertragung quatschen: Aber sie kriegen es immer wieder hin. Die beiden schaffen es sicher ins große Finale. Spätestens in der grün-weißen Werder-Bettwäsche.

Kapitel 1

Anpfiff: Das erste Date

Meine Lieben, eines vorweg: Das runde Leder ist Ihrem Mann keinesfalls wichtiger als Sie! Aber würden Sie einem gläubigen Christen verbieten, in die Kirche zu gehen? Wohl kaum.

Die Tempel ihrer Göttergatten heißen eben nur anders – Signal-Iduna-Park, Allianz-Arena oder Rhein-Energie-Stadion. Letzteres gilt übrigens als Epizentrum der rheinischen Fröhlichkeit – aber nur bis um halb vier. Rudi Völler, der Manager von Bayer 04 Leverkusen, sagte einmal: »Die Stimmung beim FC ist die beste von allen – allerdings nur bis zum Anpfiff.« Da können Sie, wenn Sie wollen, jeden zweiten Samstag Karneval feiern. Da simmer dabei, dat is prima, Viva Colonia …

Falls Sie lieber nicht live im Stadion dabei sind, wird das niemanden betrüben. Aber gerade im Stadion kann man gut anbandeln.

Allen Singles sei gesagt, dass das Stadion ein ganz wunderbarer Ort zum Kennenlernen ist. Und es gibt gar nicht so viel zu beachten. Nur von einem muss ich energisch abraten, nämlich beim Revier-Derby in einem Schalker Trikot ausgerechnet einen Dortmunder anzuflirten, da zwischen diesen beiden Teams die größtmögliche Rivalität im deutschen Fußball besteht. Das könnte ins Auge gehen. Andererseits bringt es Ihnen natürlich die größtmögliche Aufmerksamkeit. Bleiben Sie beim ersten Stadionbesuch sicherheitshalber bei Ihrer Trikotfarbe, beim Fußball zählt Lokalpatriotismus. Und gehen Sie früh ins Stadion, dann hält sich auch der Alkoholpegel bei den

Vertretern der Spezies Mann noch in überschaubaren Grenzen. Stellen Sie sich am besten in die Kurve, dort, wo die Fans stehen, das ist deutlich kommunikativer als auf den Sitzplätzen, wenn auch weniger bequem. Zugegeben, auf den Sitzplätzen sind Sie natürlich geschützter, und die Gefahr ist deutlich geringer, dass ein alkoholisches Getränk Sie von hinten trifft und sich in Ihren Kragen ergießt.

Und falls es kälter ist: Warm anziehen, das ist wirklich das Wichtigste. Wer will schon von seinem ersten Stadionbesuch gleich eine Blasenentzündung mit nach Hause bringen. Kein Mensch, da bin ich völlig bei Ihnen. Lange Unterwäsche ist im Winter ein Muss, Schönheitspreise sind nicht zu gewinnen, aber Fußballfans mögen sowieso lieber natürliche und lockere Mädels in Jeans als VIP-Hühner mit High Heels.

Wappnen Sie sich mit Fähnchen und einem Bierbecher, in den Sie getrost auch etwas anderes als Hopfenkaltschale füllen können, das merkt kein Mensch. Aber Achtung!, und Handtasche festhalten: Gleich wird es richtig voll, denn Menschenmassen gehören beim Fußball dazu. Klar, so ist auch die Auswahl größer. Dass Sie hier und da mal einen kleinen Rempler hinnehmen müssen, sollte Sie nicht weiter stören, vielleicht entdecken Sie auf diesem Weg auch gleich Ihren Kavalier des Herzens. So manche Entschuldigung endete in einem langen Blick.

Was den Flirt angeht, so werden Sie vermutlich den ersten Schritt tun müssen, denn wenn Mario Götze (Riesen-Fußballer des BVB) gerade unnachahmlich pfeilschnell antritt oder Manuel Neuer (die deutsche Nummer eins im Tor) mit einer Glanzparade einen schwierigen Ball abwehrt, gehen die Chancen, dass man Sie derweil anspricht, gegen null. Macht nichts. Beim Torjubel dürfen Sie sich dafür ungehemmt jedem an den Hals werfen, der sich im Umkreis von fünf Metern befindet, da

ist noch nicht mal Kreativität gefragt. Universell geeignete Sätze zur Fußballkonversation finden Sie übrigens am Ende des Buches.
Das Schöne an der Atmosphäre im Stadion sind ja gerade die ungehemmte Leidenschaft, die Emotionen, der Cocktail aus Frust und Freude, die neunzig Minuten Achterbahn der Gefühle. Nirgends erleben Sie Banker und Bauarbeiter so einträchtig nebeneinander, nirgends verwischen die gesellschaftlichen Grenzen sich so sehr wie beim Fußball. Fans sind alle gleich. Sie leiden, sie fiebern, sie jubeln, sie trauern. Und auch Sie können ungehemmt Ihre Aggressionen abreagieren, aber auch Ihrer Freude freien Lauf lassen. Im Stadion wird jeder zum Gefühls-Anarchen, es ist vielleicht der einzige Ort, wo ein Mann sich nicht für seine Tränen schämt.
Deshalb macht es auch solchen Spaß, die Männer in der Fankurve zu beobachten. Behalten Sie das ausgewählte Exemplar eine Zeitlang im Auge. Dann wissen Sie relativ schnell, wo Sie dran sind (siehe »Kreisklasse oder Champions League«).
Aber zurück zum ersten Stadionflirt – kleiner Tipp: Verkneifen Sie sich jede Bemerkung darüber, wie sehr Ihnen die muskulösen Beine der Fußballer gefallen oder wie schade Sie es finden, dass es eine Gelbe Karte fürs Trikotausziehen gibt – bei DEN Waschbrettbäuchen. Solche Kommentare wirken auf den Mann mit dem One-Pack, der sich gerade 1000 Kalorien in Form von Gerstensaft gönnt, unnötig verstörend. Behaupten Sie einfach ganz trocken – wer kann für die Vorlieben der Spieler schon die Hand ins Feuer legen: »Cristiano Ronaldo ist bestimmt schwul, da gehe ich jede Wette ein«, und Sie haben alle Sympathien auf Ihrer Seite. Und haben Sie erst einmal einen Schluck aus seinem Bierbecher nehmen dürfen, ist das Eis gebrochen und das erste »richtige« Date in Griffweite.

Kreisklasse oder Champions League: Wie erkenne ich den Richtigen?

Juchuuu! Nun ist es doch endlich passiert, wer hätte das gedacht. Es fühlt sich an wie das erste Tor für einen Stürmer, nachdem er monatelang immer nur am gegnerischen Gehäuse vorbeigetroffen hat. Wie der Rausch des Jubels nach tausend torlosen Minuten …

Da ist sie wieder, die Euphorie, die Leichtigkeit, die Vorfreude. Und so wie Miroslav Klose unter einer Traube von Mitspielern versinkt beim Torjubel, genauso möchten Sie die ganze Welt umarmen.

Sie glauben, Sie haben endlich Mr. Right getroffen. Oh, wie herrlich der SMS-Klingelton (oder haben Sie sich schon Torjubel als Rufzeichen aus dem Netz runtergeladen?) auf dem Handy sich nun anhört, da Ihr Verehrer sich beharrlich und zuverlässig meldet. Wie köstlich doch diese hässliche Plörre plötzlich schmeckt, die die in der Bäckerei erstaunlicherweise als Kaffee verkaufen (Frechheit!). Wie großartig, dieser Dauer-Nieselregen an der Bushaltestelle, warum gucken nur all die anderen so bedrückt?

Sie haben also ein Date vereinbart. Noch im Stadion oder beim ersten Rückruf, nachdem Sie ihm Ihre Handynummer mit Kuli auf den Arm schreiben durften … An dieser Stelle zunächst: herzlichen Glückwunsch!

Doch nicht jeder verliebt sich im Stadion. Fußballfans gibt es ja auch im richtigen Leben. Ich vermute, dass Sie sich bei der Arbeit kennengelernt haben, dort nehmen nämlich mittlerweile sechzig Prozent aller Beziehungen ihren Lauf. Er hat in Ihrer

Firma ein interessantes Projekt vorgestellt und, als er Ihnen seine Karte gegeben hat, noch verstohlen seine Handynummer draufgekritzelt. Da mussten Sie nicht lange überlegen. Ein gehauchtes: »Bist du auch auf Facebook?«, und Sie sind gerade so viel errötet, wie es gemeinhin vom männlichen Gegenüber als zuckerrübensirupsüß empfunden wird. Als dann ein wenig später seine Freundschaftsanfrage aufblinkt, nicht sofort, sonst würden Sie ja glauben, er habe sonst nichts zu tun und/oder keine sozialen Kontakte, schicken Sie ihm kurzerhand Ihre Handynummer. (Die Sache mit Facebook kann sich später übrigens noch übel rächen, aber dazu mehr im Kapitel »Die Eröffnung: Jetzt sind Sie dran«).
Am nächsten Morgen kommt zuverlässig eine erste SMS, darin verborgen auch nur *ein* kleiner Rechtschreibfehler. Stellen Sie sich nicht an, das ist doch total okay. Ob »Augenweide« oder »Augenweite«, das spielt doch wirklich keine Rolle, da wollen wir jetzt nicht gleich unseren mütterlichen Zeigefinger heben. Außerdem machen diese Smartphones (und er hat natürlich eines) beim Eintippen ja mittlerweile sowieso, was sie wollen. Kürzlich wollte ich ein harmloses Wörtchen eingeben, und mein iPhone schlug »Nazidruck« vor. Woher kennt das Ding solche merkwürdigen Begriffe? Aber das nur am Rande.
Sie denken an sein Lächeln, seine Grübchen und wie humorvoll er sich dem Thema »Marketingstrategien für Solaranlagen« genähert hat. Auch noch einer, der sich um die Umwelt kümmert! Ha! Sie haben das perfekte Exemplar gefunden, das spüren Sie, da sind Sie ganz sicher. Gute Zähne, gerade Nase, angenehme Manieren.
Der wird Sie ganz sicher auf Händen tragen, auch wenn er sich dabei einen Bandscheibenvorfall holt. Keine Frage. Vor Ihrem inneren Auge lernen Sie jetzt schon seine Familie kennen, na-

türlich auch alle irrsinnig nett, die Kinder wohlgeraten, er hat einen Uni-Abschluss, und Sie haben das Ende Ihres Singledaseins vor Augen. Wie herrlich!

Da ist nur ein klitzekleiner Haken: Er ist Fußballfan. Gut, das hat er mit 90 Prozent aller deutschen Männer gemein. Wenn Sie bedenken, dass allein der Deutsche Fußball-Bund 6,7 Millionen Mitglieder hat, dann ist die Wahrscheinlichkeit, dass Ihr Angebeteter die Namen aller Nationalspieler auch nachts rückwärts aufsagen kann, relativ hoch. Es wird Sie vielleicht überraschen, aber es spielen mittlerweile auch über eine Million Mädchen und Frauen Fußball. Tendenz: steigend.
Ihr Auserwählter interessiert sich also für den Sport Nummer eins in Deutschland. Das macht ihn nicht automatisch zu einem langweiligen Opportunisten, nein, Sie können sich sogar freuen! Wer an Fußball interessiert ist, der hat viele Gleichgesinnte, kann im Endeffekt also kein allzu ausgeprägter Eigenbrötler oder kompletter Computer-Nerd sein. Im Smalltalk findet er immer ein Thema (wird Schalke jemals wieder Deutscher Meister, welche deutsche Mannschaft schafft es das nächste Mal ins Champions-League-Finale, und was macht eigentlich »Eisenfuß« Uli Borowka?), sollte er selbst Fußball spielen oder gespielt haben, dann ist er vermutlich sozial kompetent und kann sich auch in eine Gruppe einordnen. Der Mann hat Freunde, ist kein Einzelgänger, und Sie werden sicherlich auch viel Spaß mit ihm haben.

Doch Achtung – schließlich wollen Sie ja keine bösen Überraschungen erleben, deshalb stellen Sie ihn gleich auf die ultimative Probe. Forscher haben herausgefunden, dass sich die Charakterzüge eines Menschen in Stresssituationen ver-

stärken. Und Sie wollen doch keine Zeit verschwenden, wenn ER es am Ende doch nicht wert ist. Deshalb machen Sie den Test: Gehört er nur zur Kreisklasse oder in die Champions League? Das herauszufinden ist viel einfacher, als Sie denken. Wochenlanges Dating? Vergessen Sie's! Fünfzehn Dinner beim Italiener? Alles Quatsch! Die ultimativ einfache Lösung: Sie schauen sich einfach mit Ihrem Auserwählten gemeinsam ein Spiel seiner Lieblingsmannschaft an!
Denn Sie können sicher sein: Da wird sich sein wahrer Charakter offenbaren. Würden Sie die Menge des Stresshormons Cortisol in seinem Blut messen, wäre die vermutlich ähnlich hoch wie bei einem Formel-Eins-Piloten, der im Starterfeld auf Grün wartet. Nach diesem Experiment werden Sie eine Menge mehr über den Mann wissen, der vor Ihrem geistigen Auge schon mit Ihnen zum Altar marschiert.

Der Hitzkopf

Natürlich sollen Männer und übrigens auch Frauen beim Fußball aus sich herausgehen, Spannungen abbauen und Aggressionen loswerden. Das ist doch der Sinn der Übung und sorgt dafür, dass sich Probleme des Alltags wieder leichter und befreiter lösen.
Wenn Ihr Ausgewählter aber schon nach wenigen Minuten wüst durchs Lokal pöbelt und kaum mehr an sich zu halten weiß wegen dieses »Sch...schiedsrichters« und des »Deppen, der das Tor nicht trifft«, dann sind Sie vermutlich an einen echten Hitzkopf geraten.
Aber: Gemach!, das muss grundsätzlich noch gar nichts bedeuten. Es kann durchaus sein, dass dieser Mann außerhalb des Nahkampfbereichs Fußball ein wahres Lämmchen ist,

dass er Ihnen ruhig und freundlich das Abseits erklärt und Ihnen nach einem langen Arbeitstag eine Badewanne einlässt und liebevoll Ihre Füße massiert.
Es ist aber beim Grundtypus Choleriker doch eher zu befürchten, dass er auch im Alltag alte Damen im Straßenverkehr anpöbelt, auf der Autobahn ständig links fährt und sich wichtiger nimmt als Sie und / oder die Beziehung. Und wer will denn das?
Wer keine Antennen hat für andere, wer keine Rücksicht nimmt und nur an sich denkt, der hat noch einen weiten Weg vor sich. Meist leiden diese Hitzköpfe unter einem Aufmerksamkeitsdefizit und haben auch einen ausgeprägten Hang zum Narzissmus. Um dies zu kurieren, gibt es Heerscharen von ausgebildeten Therapeuten, da sollten Sie sich nicht die Finger schmutzig machen. Dazu sind Sie schlichtweg auch nicht ausgebildet.
Denken Sie immer daran: Niemals würden wir uns selbst an eine Operation am offenen Herzen wagen –, aber in unseren Beziehungen doktern wir wie wild am Gegenüber herum und wagen uns auf psychologisch sehr dünnes Eis. Lassen Sie es sein. Jeder Mensch ist die Summe seiner Erfahrungen, und helfen können Sie nur sich selbst.
Vermutlich wird sich der »Hitzkopf« im Verlaufe des Spiels, sollte sein Team verlieren, auch noch wimmernd im Selbstmitleid suhlen. »Es ist ja sooo bitter, o mein Gott, womit habe ich das verdient …« Trösten Sie ihn auf gar keinen Fall! Empathie verdient nur, wer selbst dazu fähig ist.
Choleriker sind auf lange Sicht in einer Beziehung sehr schwer zu ertragen. Wenn Ihr Kandidat nach mehrmaliger Aufforderung, sich doch bitte wieder zu beruhigen oder zumindest hinzusetzen, immer noch nicht wieder zur Rückkehr in den Club der Erwachsenen bereit ist, sollte die erste gemein-

same Fußballübertragung / der erste gemeinsame Stadionbesuch auch definitiv die / der letzte gewesen sein.

Die Heulsuse

Die Heulsuse zeigt ein Verhalten, das in Dortmunder Kreisen auch gern »Andy-Möller-Gedenkhaltung« genannt wird. (Andy Möller war ein äußerst erfolgreicher Fußballer mit den schönsten Beinen der Bundesliga, doch war er bei den Dortmundern nach seinem Wechsel zu Schalke 04 komplett unten durch und wurde wegen seiner theatralischen Mimik von Borussen-Fans gerne als »Heulsuse« bezeichnet.) Eine Heulsuse erkennt man in der Regel schon äußerlich recht leicht, denn sie fällt beim Gegentor sofort in sich zusammen. Wenn Sie genau hinhören, kommt vielleicht ein leises »Mutti, Mutti!« über die vom Leid gekräuselten Lippen. Hilfe! Ein Dreijähriger, gefangen im Körper eines 35-Jährigen!

Natürlich liegt da die Frage nahe: Wie konnten Sie überhaupt an den geraten? Aber halt! Heulsusen haben ihre positiven Seiten, und die sollte man nicht übersehen.

Im Alltag mit ihm haben Sie viel weniger Stress, denn diese Spezies ist konfliktscheu und wird Ihnen viel weniger Probleme bereiten als der Hitzkopf. Die Heulsuse ist sensibel, reagiert im Leben eher passiv und lässt sich auch gerne mitziehen. Das bietet den unschätzbaren Vorteil, nicht erst die üblichen Machtspielchen durchexerzieren zu müssen. Und Sie können davon ausgehen, dass Sie auf Ihrer Golfrunde nie mehr allein sein müssen – wenn Sie ihn denn dabeihaben wollen. Er wird sich Ihren Aktivitäten klaglos anschließen.

Da die Heulsuse sehr feinfühlig ist, können Sie sogar auf Romantik hoffen. Ein paar Blumen, ein Brief oder ein hüb-

scher Wochenendtrip sind ihm durchaus zuzutrauen. Außerdem wird er Ihnen, wenn Sie ihn ein wenig bemitleiden, jeden Wunsch von den Augen ablesen. Man mag sich allerdings nicht vorstellen, was passiert, wenn der Mann einen Schnupfen hat … Aber noch ist nicht einmal Halbzeit …
Bei genauer Betrachtung klingt mir das Wort »Heulsuse« fast etwas zu abschätzig –, denn nach all den Erfahrungen mit Ego-Männern kann ich persönlich diesem Typus Heulsuse durchaus etwas abgewinnen. Wer einen entspannten Neuanfang in Sachen Liebe wagen will, der ist bei dieser Männerart auf der sicheren Seite. Wenn Sie aber Lust auf Abenteuer haben, auf einen Mann, der den Ton angibt und der Ihnen mit einem geöffneten Hemdenknopf das Brusthaartoupet und damit die Welt zu Füßen legt – dann ist ein Exemplar der Gattung »Heulsuse« wohl nichts für Sie.

Der Hilfsbereite

Jedes Fußballspiel ist eine Extremsituation für den Mann, in der sich schnell zeigt, ob Ihr möglicher Partner zur Empathie fähig ist. Sollte er sich also bei einem Gegentor fluchend zurückziehen, wird er Sie auch sonst im Leben vermutlich eher alleine lassen und wichtige Dinge nur mit sich selbst ausmachen. Will er hingegen Ihre ständige Aufmerksamkeit – und lenkt Sie damit vom Spiel ab! –, ist er noch nicht erwachsen und muss wegen seines ADS in Therapie. Finger weg!
Optimal dagegen ist gegenseitige Achtsamkeit. Reagiert er auf Schmerzbekundungen Ihrerseits, wenn Ihre Mannschaft einen Treffer hinnehmen musste, aufmunternd oder tröstend, dann dürfen Sie ihn sich auf jeden Fall näher anschauen. Sol-

che Exemplare sind selten, und Sie sollten ihn sich warmhalten.
Der Hilfsbereite interessiert sich nämlich auch für SIE! Und das ist gut so. Er wird Ihnen bereitwillig erklären, warum die in den blauen Trikots von rechts nach links spielen, er wird Ihnen Getränke besorgen und sich zumindest darum bemühen, dass auch Sie einen schönen Abend haben, im Stadion und auf der heimischen Couch. Ihm geht es nicht in erster Linie darum, wie er sich in Szene setzen kann, er gerät nicht in einen Konflikt, ob er nun lieber Fußball schauen ODER mit Ihnen zusammen sein will – er genießt es, beides zu verbinden. Der Hilfsbereite beschützt Sie in der Kneipe wie im Stadion vor fliegenden Bierbechern, er ist großzügig und emanzipiert. Wenn Sie einem solchen Exemplar auf freier Wildbahn begegnen – schnappen Sie sich Amors größtes Pfeil-und-Bogen-Set, und ballern Sie, was das Zeug hält!
Sie sind selbst Fußballfan? Schalke-Fan? Was tun, wenn Ihr Angebeteter sich als glühender BVB-Fan entpuppt? Auch das kann hervorragend funktionieren, wenn Sie beide etwas Selbstironie mitbringen, die in einer Partnerschaft ja sowieso förderlich ist. Die Leidenschaft für den Verein darf allerdings nicht über Ihren Gefühlen für den anderen stehen, sonst können Sie das Ganze sowieso komplett vergessen. Dann ist es besser, Sie löschen seine Nummer direkt nach Anpfiff.
Ein paar kleine Neckereien aber könnten einer Annäherung ja sogar förderlich sein. Und wenn Sie als BVB-Fan nicht gerade vor einem Schalker anstimmen: »Ein Leben lang … keine Schale in der Hand …«, dann wird er Ihnen das sicher hoch anrechnen.

Der Hurra-Fachmann

Mein Kumpel Jan sagt von sich: »Wenn ich aufstehe, wird es immer hell, denn mir scheint die Sonne aus dem Hintern.« Jan ist ein notorischer Optimist. Er ist nie schlecht gelaunt, höchstens mal für fünf Minuten, und dann wird er einen überaus überzeugenden Grund dafür haben. Er lästert nie, macht nur höchst selten böse Scherze über andere und gewinnt wirklich jeder Situation das Positive ab.

Der Hurra-Geselle wird auch noch beim Stand von 0:3 (wenn also seine Mannschaft mit drei Toren Abstand zurückliegt) davon sprechen, welches Team einen solchen Rückstand schon einmal gedreht hat – und dass das Ergebnis nicht so wichtig sei, er habe ja bereits einen persönlichen Sieg errungen: nämlich, mit Ihnen Fußball schauen zu dürfen.

Der Hurra-Fachmann liebt das Leben und sieht einfach keinen Grund für Trübsal. Natürlich kann einem solches Endlosglück auch fürchterlich auf die Nerven gehen. Stellen sie sich vor, jemand hat ausschließlich gute Laune. Irgendwann ist wohl jeder so weit, solcherlei penetrante Dauerfreude mit einem kräftigen Schlag auf den Hinterkopf beenden zu wollen. Trotzdem muss ich betonen, dass Menschen wie Jan eine extrem entspannende Wirkung auf mich haben – solange ich sie nicht täglich ertragen muss.

Sollten Sie aber auch frei von jeglichen Launen sein und einen zuverlässigen Partner suchen, ist der Hurra-Geselle sicherlich der Richtige für Sie. Zumal Sie ja auch längst wissen, dass eine grundlegende und unerschütterliche Zufriedenheit für eine Ehe viel mehr taugt als zum Beispiel die Cholerik eines Hitzkopfes.

Tempodribbling: Sie sind verliebt!

Das Herrliche am Verliebtsein ist nicht nur das Verliebtsein an sich, sondern auch die Tatsache, dass man sich völlig ungehemmt und ungestraft so richtig asozial benehmen darf, ohne dass es einem die wahren Freunde übelnehmen.
Meine echten Lebens-Weggefährtinnen wissen schon, was passiert, wenn meine Hormone ausgelassen Lambada tanzen. In den ersten Wochen der Gefühlsexplosionen existiert kein Kontakt mehr zur Außenwelt, und die Folge davon ist die völlige Abnabelung von der Realität.
Verliebtsein könnte man vergleichen mit einer Art Vulkanausbruch: Was die Aschewolke aus dem Krater von Eyjafjallajökull für die internationale Luftfahrt sind die Liebesbotenstoffe für Ihr Denkzentrum. In diesen Zeiten sind Sie für Ihre Umwelt naturgemäß nur schwer zu ertragen … ehrlich gesagt, gar nicht. Ich habe auch schon gute Freundinnen verloren, die sich meine ausschweifenden Berichte über meinen neuen Lebens-Messias nicht mehr anhören wollten. Ehrlich gesagt, war mir das in diesem Moment völlig egal. Es tat mir erst leid, als der Typ wieder weg war und ich plötzlich feststellte, dass ich auch noch eine Freundin verloren hatte. Das tut dann doppelt weh, autsch und irks zugleich.
Psychologen raten dringend von weitreichenden Entscheidungen wie Orts- oder Berufswechsel sowie Wohnungsaufgabe in den ersten sechs Wochen einer Beziehung ab. Folgen Sie dem Fan einer Fußballmannschaft also nicht sofort in seine Klubregion. Lassen Sie von übereilten Kündigungen unbedingt die Finger! Das kann sonst fatale Folgen haben!
Doch erst noch ein paar Worte zum schönsten Gefühl der

Welt. Ich vermute, da sind sich alle einig, Männlein wie Weiblein. Zu vergleichen mit einem Pinguin, der nach einer langen, für ihn fast unüberwindbaren Tippelstrecke an Land endlich ins Wasser springen darf, explodieren die Glückshormone. Wie beim unnachahmlichen Tempodribbling von Lionel Messi, dem wohl derzeit besten Spieler der Welt, bei seinem bislang schönsten Tor, das er am 18. April 2007 im Pokal gegen Getafe erzielte. Sie müssen sich das so vorstellen: Messi bekommt den Ball auf der rechten Seite des Spielfelds, knapp hinter der Mittellinie, wird in seinem langen Spurt Richtung Tor immer wieder von gegnerischen Spielern attackiert, doch der Weltfußballer der Jahre 2009, 2010 und 2011 umkurvt sie alle – im Strafraum warten noch zwei Verteidiger, doch er rennt zwischen ihnen hindurch, als wären sie Slalomstangen. Als er den Elfmeterpunkt erreicht, stürzt der Torwart aus seinem Kasten, doch Messi ist schon rechts an ihm vorbeigezogen und lupft den Ball über den letzten verbliebenen heranhechtenden Verteidiger einfach ins Tor. Sie wollen einen weiblicheren Vergleich, nun, das ist für Männer so, als würden Sie ein Geschäft finden, in dem alle Louboutins nur zwei Euro pro Paar kosten. Verstehen Sie? Nur zwei Euro! Verstehen Sie jetzt die Begeisterung des männlichen Fußballfans in einem solchen Moment? Aber wir waren bei einem Glück der anderen Art:

Nichts verändert die Sinneswahrnehmungen mehr als das Verliebtsein. Angesichts der Komplexität der Gefühle vermuten Wissenschaftler, dass beim Verliebtsein eine Vielzahl biochemischer Mechanismen an der Stimmungsänderung beteiligt sind. Die neurobiologischen Zusammenhänge sind noch wenig erforscht, allerdings wurden starke Änderungen bei Neurotransmittern und Hormonen nachgewiesen. Heißt: Ob ausschweifende Dopamin- oder Serotonin-Sause, in dieser

Art von Sinnesrausch sind Sie ungefähr so zurechnungsfähig wie nach sechsundfünfzig Tequila. Prost!
Ihre Freundinnen müssen sich hinten anstellen, Ihre Eltern melden Sie als vermisst und können nur noch mühsam davon abgehalten werden, die Polizei einzuschalten, Ihre Haustiere schwänzeln den lieben langen Tag um einen leeren Napf herum – ach, das werden die doch alle schon schaffen! Ihr Arbeitgeber erwischt Sie beim stundenlangen Facebook-Freundeslisten-Austausch – oder beim kleinen Schwätzchen in der Teeküche mit der Lieblingskollegin über bevorzugte Sexpraktiken. Peinlich? Ach was, der Chef ist ein grässlicher Spießer.
Einen Trost gibt es: Amors Geschoss kann bei jedem einschlagen, immer und überall, egal in welchem Alter und in welcher Lebensphase. Wenn Sie Single sind, kann es morgen passieren oder vielleicht sogar heute, vielleicht trifft es einen völlig Fremden oder einen alten Bekannten (Klaus-Lage-mäßig tausend Mal berührt …). Verliebtsein kann Sie befallen wie eine Krankheit, es springt Sie an wie ein Panther, es tritt in den unmöglichsten Momenten auf und zu den unangemessensten Zeiten. Es kann lodern, knistern, Feuer fangen, Funken sprühen.
Diese erste Phase hält in der Regel etwa drei Monate, dann lässt sie nach, viele sagen zunächst beim Mann, dann auch zwangsläufig bei der Frau. Das ist am Ende des Tages auch gut so, denn auf dem hormonellen Level lässt es sich nicht dauerhaft gesund verweilen.
Verliebtsein ist toll, keine Frage. In diesem Zustand sind Sie vielleicht auch bereit, sich seinem Hobby annähern zu wollen. Gehen Sie doch einfach mal mit ihm ins Stadion!
Er wird es Ihnen danken, und Sie werden feststellen, dass seine Kumpels doch ganz okay sind und das Spiel auch nicht

ohne. Es könnte ja sogar sein, dass Sie selbst Spaß an der Sache entwickeln …

Forscher haben auch herausgefunden, dass der Testosteron-Spiegel bei verliebten Männern sinkt, während er bei Frauen ansteigt. Männer werden dadurch ein wenig zahmer, Frauen tatkräftiger, und in diesem Zustand entwickelt sich leicht auch mal die Lust auf – einen Fußballabend.

Warum Sie sich darauf einlassen sollten? Nun, Paarexperten gehen davon aus, dass Ähnlichkeiten in der Wertevorstellung für eine gesunde Beziehung unerlässlich sind. Das ist nachvollziehbar. Deshalb finden in der Regel auch Menschen mit ähnlichem »Stallgeruch« zueinander. Sie werden niemals mit einem Mann glücklich werden, der Ihre Werte nicht teilt – oder diese nicht einmal respektiert.

Als besonders kritische Punkte in einer Partnerschaft gelten die Kindererziehung und – man höre und staune – die Freizeitgestaltung. Wenn es darum geht, wie man seine freie Zeit verbringt, herrscht Krieg in deutschen Wohnzimmern. Er will mit seinen Kumpels einen trinken gehen, sie möchte einen romantischen Abend verbringen. Da gerät die Liebe schnell ins Abseits. Frau fühlt sich gedemütigt, weil Mann sie zurückweist, Mann fühlt sich in seiner Freiheit eingeschränkt, während Frau nicht begreift, warum er ihr seine Kumpels vorzieht, während Mann nicht begreift, warum er nicht mal einen Abend ausgehen darf. Willkommen im Universum der Beziehungen!

Sie tun sich daher selbst einen sehr großen Gefallen, wenn sie ihn gleich am Anfang – geschützt durch die rosarote Brille – ins Stadion begleiten oder gemeinsam mit ihm am ersten Samstag Ihrer Beziehung um 15.30 Uhr die Bundesliga-Konferenz anschauen. Nie wieder wird der Funke so leicht überspringen. Es kann nur schwieriger werden, zu einem späteren

Zeitpunkt noch Begeisterung für seine Fußballleidenschaft zu entwickeln.
Ist erst der Einfluss der Hormone futsch, fällt Ihnen bestimmt auf, wie zugig es im Stadion ist und dass Sie eigentlich kein Bier mögen, vor allem nicht dieses abgestandene Gesöff aus dem Pappbecher, dass Sie das komische Gegröle abstoßend finden und Ihnen so ein Trikot nun wirklich nicht steht. Weder die Farbe noch der Schnitt. Zugegeben, es gibt kein Trikot, das einer Frau steht, aber in dem Punkt haben die Sportartikelhersteller einfach noch nichts begriffen!
Nutzen Sie also die Phase der großen Verliebtheit, um ein Stück weit Verständnis für seine Leidenschaft zu entwickeln. Aber überbieten Sie ihn nicht! Wenn Sie anfangen, den »kicker-Almanach« auswendig herzubeten, diese Nachschlage-Bibel für Fußballfans, die Sie bei Ihrem Freund im Regal entdeckt haben, kann das äußerst kontraproduktive Folgen haben. Einem Mann gegenüber mit Fußballwissen zu prahlen hat den gleichen Effekt, als wenn sie Ihrer Freundin auf den Kopf zusagen, dass Sie ihren Modegeschmack noch nie leiden konnten. Blöde Idee. Einfach sein lassen. Und glauben Sie mir, in diesem Punkt spreche ich aus Erfahrung …
Verliebt sind Sie beide eher bereit zum Kompromiss, schließlich möchte Ihr Traumprinz auch noch bei Ihnen glänzen! So lohnt es sich, gleich am Anfang ein paar Regeln für das Fußballwochenende aufzustellen.
Vielleicht lässt er sich im Austausch für geteilte Samstags-Fußballfreuden zumindest zu einem komplett fußballfreien Sonntag überreden inklusive klassischerer Paaraktivitäten. So viel Kompromissbereitschaft sollte zu Beginn der Beziehung drin sein, wenn nicht, erkennen Sie lieber gleich, dass Sie mit diesem Sturschädel ohnehin nicht viel Freude haben würden.
Bei angemessener Begeisterung im Stadion und beim gemein-

samen Fernsehen lässt er sich bestimmt auch auf den ein oder anderen Deal ein. Vielleicht verzichtet er ja großzügig auf die ein oder andere Auswärtsfahrt in fremde Stadien – Ihnen und Ihrer jungen Fußballbegeisterung zuliebe. Allen Männern sei an dieser Stelle gesagt: Das ist nicht zu viel verlangt. Basta.
Ich bin schließlich selbst ein Riesen-Fußballfan, aber ich kann es meinem Freund wirklich nicht verübeln, wenn er sich am Sonntag nicht beide Spiele anschauen will. Doch immerhin: Bei wichtigen Partien in der Champions League will er mittlerweile sogar mit gucken – diese Art rudimentäre Fußballbegeisterung bei wichtigen Spielen entwickelt sich oft ganz von selbst.
Stadion, och nö. Und immer auf dem Sofa hocken … Keine Angst, es gibt noch ganz andere Möglichkeiten. Sie kennen bestimmt eine hübsche Kneipe, die Sie beide gerne mögen und in der Fußball gezeigt wird? Auf großer Leinwand? Auch das ist in meinen Augen ein guter Anfang. Da gibt es für Sie auch einen Prosecco, eine nette Kleinigkeit zu essen (heute bleibt die Küche kalt!), und wer nur mit einem Auge hinschauen mag, darf gerne ein paar Freundinnen einladen, ja, gern auch mit Anhang – das wird bestimmt ein netter Abend. Und Ihren Single-Girlfriends sei gesagt: Mehr Auswahl als in einer Fußballkneipe gibt es nirgendwo. Ein Bonus: Die üblichen Schlangen vor den Damentoiletten bleiben Ihnen garantiert erspart. Bei meinem Kumpel Holle im »Stadion an der Schleißheimer Straße« in München bekommen Sie einen leckeren Burger und die beste Fußballatmosphäre. Solche wunderbaren Kneipen gibt es in jeder Stadt, zur Not schauen Sie einfach im Internet unter www.sky.de und laden sich die Barfinder-App fürs iPhone herunter. Da finden Sie die besten Sportsbars in Ihrer Nähe.
Zurück zu unserem eigentlichen Thema.

Warum wir uns verlieben – und warum muss es ausgerechnet der Fußball-Fan sein? –, das zählt immer noch zu den Phänomenen, die die Wissenschaft nicht grundlegend ergründen kann.
Ist Ihnen schon einmal aufgefallen, dass viele Männer nur bedingt erklären können, warum sie sich für ihren Fußballverein entschieden haben? Sie glauben wirklich, die hätten eine Wahl gehabt? Ist es nicht oft einfach der Wohnort, der den Ausschlag gibt? Die Kumpels? Das Umfeld? Okay, eigentlich haben sie also gar keine echte Wahl. Und, liebe Damen, diese Wahl ist für die Herren der Schöpfung wirklich ein Bund fürs Leben. Dazu müssen sie keine Unterschrift im Standesamt leisten und keinen Schwur vor Gott. Ein Mann wird sich lieber viermal scheiden lassen – doch seinen Verein wird er niemals verraten.
Der englische Fußballfan Nick Hornby schreibt in seinem Klassiker »Ballfieber – Die Geschichte eines Fans«, dieser wirklich gelungenen ersten intellektuellen Annäherung an Fußball: »Die Wahrheit ist: Während alarmierend großer Abschnitte eines durchschnittlichen Tages bin ich ein Schwachsinniger. ... Es kommt zu keiner Analyse, bewussten Selbsterfahrung oder geistigen Strenge, weil Besessenen jede Sicht auf ihre Leidenschaft verstellt ist. In gewisser Weise ist es das, was einen Besessenen ausmacht.«
Besessen, verliebt, wo ist da der Unterschied, mögen Sie jetzt fragen, aber nur wenn Sie sich noch wundern, dass Ihr Mann zwar die Namen der deutschen Reservespieler aus der Wasserschlacht 1974 gegen Polen bei der Weltmeisterschaft noch auswendig kennt, jedoch die Namen Ihrer Freundinnen auch nach Jahren noch durcheinanderbringt. Wahre Besessenheit weist zwar Parallelen zur Verliebtheit auf, aber dazwischen liegen Welten ...

Nick Hornby gesteht: »Wenn wir [Besessenen] jedes Mal bei der Wahrheit blieben, wären wir nicht in der Lage, Beziehungen zu irgendjemandem aus der wirklichen Welt aufrechtzuerhalten. Wir würden zurückbleiben, um mit unseren Arsenal-Programmheften, unserer Sammlung von Originalaufnahmen des Stax Blue Label oder unseren King Charles Spaniel zu verfaulen. Unsere zweiminütigen Tagträume würden immer länger und länger und länger, bis wir unseren Job loswürden und aufhören würden zu baden, uns zu rasieren und zu essen ...«

Und warum diese Leidenschaft? Fußball bildet für die meisten Männer das Verbindungsglied zwischen Kindheit und Erwachsenendasein. Ich kenne einen Familienvater in einer sehr hohen Position bei einer sehr großen Zeitung, der sich abends voller Leidenschaft die DVD mit den »1000 schönsten Toren des FC Liverpool« ansieht. Gemeinsam mit seiner Frau!

Von den Eltern müssen sich alle irgendwann abnabeln, viele Freundschaften aus der Schulzeit gehen über die Jahre verloren, doch der Verein bleibt. Frühkindliche Prägungen überdauern ein ganzes Leben. In seinen Klub war Ihr Liebster bestimmt schon vernarrt, bevor er überhaupt auch nur an Frauen dachte. Bleibt die Frage: Können im Leben eines Mannes die Beziehungen zum Verein und zu einer Frau parallel existieren? Ich zögere keine Sekunde mit der Antwort: Selbstverständlich, sie ergänzen sich sogar hervorragend ... solange sie sich nicht gegenseitig in die Quere kommen.

Wie das funktioniert, erkläre ich Ihnen im nächsten Kapitel.

Schweißtreibend: Alltag mit einem Fußballfan

Vor kurzem habe ich mich mit einem Golfkommentator unterhalten, der früher selbst jahrelang als Profi auf der Tour gespielt hat. Ich habe ihn gefragt, wie oft er noch Golf spiele. Er lächelte und antwortete: »Gar nicht. Meine erste Ehe ist daran zerbrochen, mit meiner jetzigen Lebenspartnerin möchte ich noch ein Weilchen zusammenbleiben.«

Vielleicht werden Sie jetzt hörbar ausatmen ob solcher Erkenntnisreife. Ach, wenn der Meine das doch auch nur verstehen wollte ...

Dieser Mann hat seine Prioritäten gesetzt. Leider werden Sie nicht viele Männer finden, die ihre Leidenschaft Ihnen zuliebe aufgeben – und es ist auch gar nicht so klar definiert, ob das Ihrer Beziehung wirklich guttäte.

In seinem Fall war es Golf, bei uns aber geht es um Fußball, der in der Gesellschaft eine herausragende Stellung und eine besondere Funktion besitzt. Denn der Fußball gibt seinen Anhängern Identität, er lässt sie dazugehören, er vermittelt ein Gefühl von Gemeinschaft. Er lässt den Alltag vergessen und gesellschaftliche Grenzen überwinden. Im Stadion spielt die Herkunft einer Person überhaupt keine Rolle mehr, egal ob Schweißer oder Staranwalt, ob Banker oder Bauarbeiter – im Trikot sind alle gleich.

Und wen das Ballfieber wirklich gepackt hat, der kommt davon so leicht nicht mehr los. Würden Sie Ihre Lieblingshandtasche vor dem endgültigen Henkelabriss wegwerfen? Auf keinen Fall. Sehen Sie, so ähnlich gestaltet es sich auch mit dem Lieblingsverein Ihres Partners. Es geht ja nur darum, ein wenig Verständnis für seine Leidenschaft zu entwickeln. Niemand möchte Ihnen etwas wegnehmen, auch Ihr Partner nicht. Sehen Sie den Fußball als das, was er ist: die zweitälteste Beziehung Ihres Mannes nach der zu Mutter und Vater.

Der kleine Junge hat schon Statistiken geführt über die Durchschnittsnoten seiner Lieblingself und eigene Tabellen errechnet bis zur Phantom-Meisterschaft, da haben wir noch die Kleider unserer Barbies gewechselt (ich hatte übrigens nie eine …), und als er zum ersten Mal den *Kicker* kaufte, hatten wir maximal die *Bravo* im Kopf.

Sie finden es trotzdem nur lächerlich, wenn sich erwachsene Männer am Wochenende ein zugegebenermaßen nicht besonders kleidsames Trikot in Papageienfarben überstreifen und eine Art Gesang anstimmen, der in geistig Überschaubarem gipfelt wie »Oh-wie-ist-das-schön«? Es mag Ihnen auf den ersten Blick so erscheinen, aber ich bleibe dabei, trotz der Dimension des möglichen Desasters um Anteilnahme für Fan und Fußball zu werben.

Fußball spielt in der Sozialisation von Heranwachsenden eine große Rolle. Jungs, die Fußball spielen, üben, sich in eine Gruppe einzufügen und wie man sich in Hierarchien bewegt. Sie lernen, auch einmal eine Niederlage zu akzeptieren. Einige scheitern ganz als aktiver Fußballer und müssen damit zurechtkommen, andere festigen ihr Selbstbewusstsein durch den Erfolg im Team.

Jedes Wochenende stellen sie sich dem Wettbewerb, angefeuert von nicht minder mitfiebernden Vätern und Müttern. Aggressionen finden ein Ventil, die Kinder lernen, mit Druck umzugehen und, trotz der Konkurrenz, Teamgeist zu entwickeln. Durch diese Erfahrungen werden sie sich später im Beruf leichter zurechtfinden und auch andere Arten von Wettkampf viel entspannter annehmen.

Bei den Fans können wir zwischen opportunistischen und

oppositionellen Anhängern unterscheiden. Ein Bayern-Fan in Erding hat es leicht. Er weiß sich in der sicheren Mehrheit und hat meistens Erfolg, weil alle seine Entscheidung begrüßen, unterstützen, teilen. Ein Achtjähriger aber, der sich in Hamburg für die Münchner entscheidet, wird in der Schule wenig zu lachen haben. Ein kleiner Schalker macht in Unna nach einem verlorenen Derby am Montag am besten erst einmal blau ... Sonst könnte das unangenehm werden. Auf diese Weise entsteht eine frühkindliche Solidarität zum Verein, ein festes Band, das immer enger geknüpft wird, wenn man schon im Kindesalter seinen Klub Woche für Woche verteidigen muss.

Bekommen Sie langsam eine Idee, wie stark die Ich-Identifikation gerade der Jüngsten mit dem Verein ist? Im Ruhrgebiet, wo die Leidenschaft für Fußball in Deutschland am größten ist, finden Sie Coiffeure mit einem Schild im Schaufenster: »Wir frisieren keine Schalker«, gesehen in Dortmund. Kevin Großkreutz, der mit dem BVB 2011 Deutscher Meister wurde, hat auf die Frage, was er machen würde, wenn sein Kind einmal Anhänger von S04 würde, geantwortet: »Dann kommt es ins Heim.«

Erfolg und Heimatnähe sowie die Prägung des Elternhauses sind die Hauptgründe, nach denen die erste Vereinswahl stattfindet. Bei mir führten die ersten beiden Argumente zum FCK, ich stamme aus der Nähe von Kaiserslautern, und der FCK feierte während meiner Teenagerzeit große Erfolge. 1990 wurde der Klub unter Karl-Heinz Feldkamp Pokalsieger und ein Jahr später Deutscher Meister.

Der Ausnahmetrainer Otto Rehhagel schaffte es, den Verein 1998 direkt vom Aufsteiger aus der zweiten Liga zum Meister zu machen. Dieses Kunststück gelang nie vorher – und bislang auch nie wieder. Einige Jahre später war der FCK dann

in der zweiten Liga versunken, trotzdem zählt der Club zu meinem Leben wie meine Heimat. Man verlässt sie zwar, aber sie behält immer einen Platz im Herzen.
Vermutlich währt die Beziehung Ihres Lebenspartners / Flirts mit seinem Verein schon weit über ein Vierteljahrhundert. Das sind Dimensionen, die können Sie nicht einfach ausradieren. Er hat in dieser Zeit an jedem Spieltag gehofft und gebangt, er hat sich verhöhnen lassen müssen in der Schule und später von seinen Arbeitskollegen, er hat so manche Niederlage beweint und so manchen Triumph begossen.
Für eine Spezies, die sonst große Probleme hat, ihre Gefühle zu definieren, bietet der Fußball dem »Mann an sich« ein äußerst willkommenes Ventil. Niemand wird dabei über mögliche Irritationen im psychischen System nachgrübeln. Hier werden Henne und Ei nicht vertauscht, nein, es ist ganz einfach: Nach einem 0:5 gegen Wolfsburg auf dem eigenen Platz fühlst du dich schlicht und ergreifend scheiße. Basta und Ende. Um das zu analysieren, braucht es vielleicht eine Taktiktafel, aber sicher keine psychotherapeutische Beratung.
Aus diesen Gründen heraus wird es Ihr Liebster in seinem tiefsten Innern als große Bedrohung empfinden, wenn Sie versuchen sollten, ihm diese Bastion seines Lebens in irgendeiner Form streitig zu machen. Sie würden ihm ja auch nicht seine Religion oder seine Mutter nehmen wollen, oder? Na gut, Letzteres vielleicht schon, aber die Aussichtslosigkeit ist Ihnen hoffentlich klar.
Zu tief verwurzelt ist die Leidenschaft für Fußball. Sie bietet einen Ausgleich zur Arbeit, eine Möglichkeit loszulassen, das Hirn für einige Stunden auf Stand-by zu schalten und die Sorgen zu vergessen. Wäre das nicht auch was für Sie? Dieses Abschalten und Loslassen?
Vergessen Sie nicht den Druck, der auf ihm lastet. Der Druck,

Leistung zu bringen, die Familie zu ernähren – und nicht zuletzt der Druck, Ihnen zu gefallen. Mein Freund ist zwar kein Fußballfan, aber er macht mindestens dreimal die Woche Sport und das gähnend lange. Auch das kann irgendwann mal nerven. Andererseits ist er danach entspannt und gut gelaunt, und so lebt es sich schließlich für alle leichter. Daher habe auch ich lernen müssen, dem Sporteln etwas Positives abzugewinnen. Hat ja auch optische Vorteile.

Hand aufs Herz: Wie oft schaut Ihr Liebster denn Fußball? Wie oft geht er ins Stadion? Wie oft reist er der Mannschaft hinterher?

Lassen Sie uns das Pferdchen mal von hinten aufzäumen – wissen Sie eigentlich, wie oft er Fußball schauen könnte? Bei einer Woche mit internationalem Wettbewerb ginge das nämlich jeden Tag: Montagabends das Zweitliga-Topspiel, Dienstag und Mittwoch Champions League, donnerstags Europa League, der Bundesligaspieltag startet am Freitagabend mit einer Partie, samstags natürlich erst die Konferenz um 15.30 Uhr, um 18.30 Uhr dann das Topspiel der Woche. Abgerundet wird das 7-Tage-Paket mit den beiden Bundesliga-Sonntagsspielen. Wenn er jetzt also nur den Samstag und vielleicht den Mittwochabend vor dem Fernseher verbringt, können wir in der Gesamtrelation doch eigentlich von einem überschaubaren Maß sprechen. Wenn Sie überlegen, wie viel er noch gucken könnte …

Am sinnvollsten wäre es, wenn Sie sich einfach mal den Spielplan für die kommenden Wochen heraussuchen. Da können Sie sehen, wann der Lieblingsverein Ihres Partners spielt. Freitag, Samstag oder Sonntag?

Überraschen Sie Ihren Schatz doch einmal mit Ausflugsplänen für den Sonntag, und streuen Sie ganz beiläufig ein, dass sein Club ja am Samstag gegen Bremen spiele. Sie können sich

seiner vollen Aufmerksamkeit sicher sein, und er wird Ihre fürsorgliche Anteilnahme bestimmt mit der Einwilligung in den Ausflug belohnen.
So einfach ist das nicht? Es nervt Sie kolossal, dass er samstagabends angetrunken aus dem Stadion kommt? Das ist mehr als nachvollziehbar, denn nichts auf der Welt ist abtörnender als eine Bierleiche im Fußballtrikot. Doch denken Sie dran: Im Stadion werden auch Vorstandsvorsitzende von führenden DAX-Konzernen wieder zu pubertierenden Jungs.
Falls Sie Kinder haben – Glückwunsch, jetzt kommt eben noch eines dazu! Und genau so sollten Sie den Promille-Fan auch behandeln. Tadeln Sie – aber mit Nachsicht, wenn es »nur« an den Fußballtagen vorkommt …
Haben Sie schon einmal überlegt, eine schöne Fußball-Grillparty zu schmeißen? Gerade bei Länderspielen während einer Europa- oder Weltmeisterschaft kann das wirklich großen Spaß machen. Versprochen! Und wenn es um die Nationalmannschaft geht, sind Sie doch auch Fan, oder? Er kann bei seinen Jungs glänzen, und Sie haben locker zwei romantische Candle-Light-Dinner bei ihm dafür gut.
Natürlich drohen auch Konflikte. Ich habe Hochzeiten erlebt, bei denen der Bräutigam plötzlich nicht mehr auffindbar war und irgendwann gebannt vor einem Fernseher gesichtet wurde. »Hallooo«, rufen jetzt die Männer, »wer heiratet auch am Tag des WM-Viertelfinales?« Stopp, meine Herren! Das geht nun wirklich zu weit! Mittlerweile haben doch auch Handys eine Fernsehfunktion, das fällt nicht ganz so auf …
Machen Sie Kompromisse! Ein Nachmittag am Wochenende für den Fußball, den Rest für die Familie. Ein Wochenendtrip nach Mailand – vielleicht inklusive Stadionbesuch. Sie haben darauf keine Lust? Glauben Sie mir, die Atmosphäre im Guiseppe-Meazza-Stadion ist ein Abenteuer, und das erle-

ben Sie doch gerne! Außerdem sollte die Aussicht auf Schuh-Shopping in der Via Napoleone oder der Via della Spiga, auf einen Aperitivo im Garten des herrlichen Bulgari-Hotels und ein Dinner im »Il Briciola« Sie doch milde stimmen.
Ebendieses Lokal wird übrigens heftig von Spielern des AC Milan frequentiert, das wird Ihren Liebsten doch bestimmt überzeugen …
Und wenn es Ihnen einmal gar zu blöd wird, fesseln Sie ihn einfach vierundzwanzig Stunden vor dem Fernseher und zwingen ihn, sich hintereinander alle sechs Staffeln von *Sex and the City* anzuschauen. Das wird ihn läutern – bis zum nächsten Spieltag.
Ich möchte Ihnen folgende Anekdote nicht vorenthalten, die vielleicht erklärt, wie Männer in Sachen Fußball ticken: Mein alter Kumpel Stefan, der mittlerweile als Spielerberater arbeitet, hat 1995 im damaligen Westfalenstadion (Dortmund, heute Signal-Iduna-Park, eines der schönsten Stadien Europas) zu mir gesagt, als ich noch als Volontärin bei der Regionalzeitung *Die Rheinpfalz* arbeitete: »Weißt du, man muss diesen Beruf als Sportreporter wirklich zu schätzen wissen. Wir dürfen am Spielfeldrand stehen, sind mittendrin im Geschehen. Dafür würden hier bestimmt zwanzigtausend Männer auf der Tribüne ihre Mutter verkaufen.« Nicht, dass ich je einen Dortmunder getroffen hätte, der wirklich seine Mutter verscherbelt hätte, aber da ist schon was dran …

Der Pokal hat seine eigenen Gesetze: Grundlagen fürs Fußballverständnis

In der Liebe geht es zuweilen zu wie in der Politik. Die Wahrheit kann einer Beziehung ganz fürchterlich im Wege stehen. Meine Mutter hat immer gesagt: »Jessi, Notlügen sind manchmal erlaubt, man muss immer die Relation betrachten«, und viele Wahrheiten lässt man einfach lieber unausgesprochen.

Sie finden seinen Bauchansatz unsexy und dass er zuweilen unappetitliche Spuren in der Schmutzwäsche hinterlässt? Hier hilft nur eines: Schnauze halten.

Umgekehrt macht es Sinn, Ihren Partner so oft wie möglich positiv zu verstärken. Denken Sie immer daran: Ihr Mann ist nur physisch erwachsen, er funktioniert auch im Job, aber emotional gesehen, befindet er sich immer noch in der Embryonalstellung.

Loben Sie also, wo immer es geht, das macht gefügig. Loben Sie ihn fürs Müllruntertragen, und er wird es immer wieder machen. Loben Sie ihn für das Loch, das er gebohrt hat, und dafür, dass er an den Geburtstag Ihrer Mutter gedacht hat. Loben und heucheln Sie im Zweifelsfall, was das Zeug hält.

Oh, Schatz, es ist toll von dir, dass du so mitdenkst. Danke, dass du mir auch ein Bier mitgebracht hast, ich wollte heute Abend sowieso keinen Wein trinken …

Auch was seine Leidenschaft Fußball betrifft, birgt es enorm viele Vorteile, Interesse zu heucheln. Wie oft haben Sie schon seinen inneren Widerstand zu spüren bekommen, wenn Sie ihm seinen Samstagnachmittag streitig machen wollten?

Psychologisch gesehen, regt sich da in ihm nämlich etwas ganz Altes aus der Kindheit. Sie wollen ihm etwas wegnehmen, denkt er. So wie vielleicht seine große Schwester ihm sein Lego-Raumschiff gestohlen hat, um damit vor ihren Freunden anzugeben. Oder wie damals, als seine Mutter den Gameboy konfisziert hat, damit er endlich Hausaufgaben macht. Ganz altes Thema. Also kämpft er, genau wie damals und auch in der Regel unwissentlich (es sei denn, er ist schon durchtherapiert) gegen diesen Widerstand an.

Es folgt doch dem Gesetz der Logik, dass er sich innerlich aufbäumt, um für die letzten männlichen Pfründe zu streiten. Und was, bitte schön, würden erst seine Kumpels dazu sagen? Also starten Sie Ihre cleveren Angriffe lieber durch die Hintertür, um seinen kleinen inneren Wachhund gar nicht erst auf den Plan zu rufen. Tun Sie lieber so, als ob Sie sich für Fußball zumindest ein wenig interessieren würden.

Wie Sie das anstellen sollen? Indem Sie ihn mit unverhofftem Wissen überraschen. Und in diesem Kapitel finden Sie die Grundlagen.

Fußball bietet nämlich auch unverhoffte Vorteile. Wie oft wissen wir nicht, welchen Film wir uns im Kino anschauen sollen, ob und welche Freundin die Gunst Ihrer Anwesenheit oder welches neue Restaurant der Stadt eine Chance verdient.

Der Dresscode will wohlüberlegt sein, Sie müssen ja schließlich auch noch gut aussehen. Sie müssen ein Taxi nehmen, Smalltalk machen, auweia, Gesellschaft kann ja so anstrengend sein …

Deshalb erleichtert es die Abendgestaltung ungemein, wenn man weiß: Heute ist Champions League. Großartig. Sie müssen nicht beim Italiener reservieren, kein schickes Outfit aussuchen, nein, das Abendprogramm (TV und Pizza-Bringdienst) gestaltet sich von ganz alleine. Herrlich.

Sie wissen nicht, was ich meine? Sie kennen die Vorfreude nicht, die sich noch weit vor dem Moment einstellt, in dem dann die UEFA-Hymne erklingt (»Sie sind die Meister, die Besten, die Champions ...«)? Sie haben bislang nur von Mario Gomez' Waschbrettbauch geschwärmt, aber noch nie einen seiner brettharten Volleyschüsse bewundert?
Dann kommen Sie doch einfach mit auf eine kleine Reise ins Fußball-Wunderland.
Pädagogen gehen ja von dem Grundsatz aus, dass Interesse über Wissen entsteht, was wiederum umgekehrt bedeutet, dass Sie, wenn Sie keine Ahnung von Fußball haben, prompt nix vom runden Leder wissen wollen.
Aussagen wie »Mir gefällt der Schweinsteiger auf der Sechs besser als auf der Zehn« werden Ihnen zwar momentan noch vorkommen wie das Bestellen beim Chinesen ohne deutsche Übersetzung, aber keine Sorge, wir kriegen das schon hin. Es ist ganz leicht, versprochen.
Gary Linecker, eine englische Fußballikone, hat einmal gesagt: Fußball ist ein Spiel mit zweiundzwanzig Mann, und am Ende gewinnen immer die Deutschen. Wir waren bis dato dreimal Weltmeister, und darauf gründet sich das Selbstbewusstsein dieser Nation weit mehr als auf dem Erbe Adenauers.
Die Nacht von Rom, am 8. Juli 1990, wird uns Fußballbegeisterten für immer im Gedächtnis bleiben. Jeder, der damals auch nur laufen konnte, weiß noch heute, was er an diesem Abend gemacht hat, als Deutschland im WM-Finale gegen Argentinien spielte. Als Guido Buchwald so unnachahmlich Diego Maradona ausschaltete (bezogen auf dessen Spielkünste, er hat ihn natürlich nicht umgebracht), als Andy Brehme den Elfmeter verwandelte, nachdem Lothar Matthäus zögerte, als »Kaiser« Franz (Franz Beckenbauer) nach

dem Sieg andächtig und allein über den Rasen des Olympiastadions schlenderte. Diese Momente vergisst man nie. Die Bilder sind eingebrannt im Kopf wie das Datum, an dem Sie geheiratet haben (auch wenn ich vermute, dass so mancher Mann eher seinen Hochzeitstag vergisst als den Moment am 8. Juli 1990 und wo er gerade war, als das entscheidende Tor fiel).

Ich hoffe wirklich sehr, dass Sie bei der WM 2006 in Deutschland schon mitgefiebert haben mit Schweini, mit Poldi, mit Jens und Co.? Denn dieses Erlebnis hat uns doch alle gepackt, nicht wahr? Endlich ging es mal nicht mehr um Hartz IV, sondern ums Halbfinale!

Nur wenn es um Vereinsfußball geht, da haben Sie noch nicht den Zugang gefunden? Hm, das lässt sich ganz gewiss ändern. Wenn Ihr Liebster am Wochenende ins Stadion pilgert, dann schaut er sich in der Regel die sogenannten Meisterschaftsspiele an. Kleiner Einwurf: Ich beginne jetzt wirklich von vorne, sollten Sie bereits Grundwissen besitzen, dürfen Sie getrost überspringen.

Die Bundesliga (beschränken wir uns auf die höchste deutsche Spielklasse, es gibt natürlich noch weitere bis hinunter in den Amateurfußball) besteht aus 18 Vereinen, die alle pro Saison zweimal gegeneinander spielen, so dass jeder Verein einmal Heimrecht hat. Aus diesem Wettbewerb heraus wird der Deutsche Meister ermittelt. Die meisten Meistertitel hat der FC Bayern errungen, weshalb man ihn auch »Rekordmeister« nennt. Ganz simpel, oder?

Neben der Bundesliga gibt es noch einen weiteren wichtigen nationalen Wettbewerb: den DFB-Pokal, für den sich auch unterklassige Vereine qualifizieren können. Das Finale wird in Berlin ausgetragen, und der »Pott« für den Sieger, ebenjener »DFB-Pokal«, ist 6,5 Kilogramm schwer und mit 42 Turmalinen besetzt. Nix für die Vitrine daheim, aber sehr prestigeträchtig.

Der Deutsche Meister bekommt übrigens eine überdimensionierte Silberschale, die auch gerne als »Salatschüssel« verspottet wird, aber das nur am Rande. Zurück zum Pokal:

Im Fußball-Volksmund heißt es: »Der Pokal hat seine eigenen Gesetze.« Weil es immer wieder vorkommt, dass große Vereine straucheln und kleine Davids es den Goliaths zeigen. Hochspannung ist garantiert, wenn die Amateurklubs sich anschicken, angesehene Bundesligisten aus dem Wettbewerb zu werfen. Der Pokal wird nämlich – im Gegensatz zur Bundesliga – im K. o.-Modus ausgetragen. Bedeutet: Wer gewinnt, ist weiter, es muss also definitiv ein Sieger ermittelt werden, im Zweifelsfall auch per Verlängerung und anschließendem Elfmeterschießen.

Nur mit den »eigenen Pokalgesetzen« lässt es sich erklären, warum zum Beispiel der FC Bayern im Jahr 1994 am unterklassigen TSV Vestenbergsgreuth scheiterte. Bis dato eine Riesenschmach für alle Bayern-Fans. So in etwa würde sich Brad Pitt fühlen, wenn ihn Angelina Jolie wegen Guido Westerwelle verlassen würde. So in etwa …

Abseits

Ein Spiel dauert 90 Minuten (mit Ausnahmen), eine Mannschaft besteht aus 10 Feldspielern plus Torwart, und die Einhaltung der Regeln wird von einem Schiedsrichtergespann aus Schiedsrichter plus zwei Linienrichtern überwacht. So weit, so gut.

Die berühmteste Regel heißt – natürlich – Abseitsregel. Wie sollte dieses Buch auch ohne die Abseitsregel auskommen?

Liebe Damen, bloß keine Panik! Man versucht uns seit Jahren nur weißzumachen, wir könnten das gar nicht verstehen. Was für ein Quatsch!
Hier der genaue Wortlaut aus dem offiziellen DFB-Schiedsrichter-Handbuch:

> »Ein Spieler befindet sich in einer Abseitsstellung, wenn er (im Moment der Ballabgabe) der gegnerischen Torlinie näher ist als der Ball und der vorletzte Gegenspieler.«

Autsch, sagen Sie, das ist mir zu kompliziert? Also ganz simpel: Sie schauen einfach, wann der Linienrichter, das ist der Mann in kurzen Hosen an der Seitenlinie, die Fahne hebt. Dann die Zeitlupe. Und Sie werden feststellen, dass es immer um den Zeitpunkt geht, in dem ein Spieler den Ball loswird. Der Adressat steht im Abseits, wenn sich zwischen ihm und der gegnerischen Torlinie nicht noch mindestens zwei gegnerische Spieler befinden. (Es gibt noch weitere Abseitspositionen, aber das würde hier zu weit führen).
Und diese Regel ist mehr als plausibel, denn ohne Abseits würde das Spiel nicht funktionieren. Dann könnte ja einfach ein Stürmer ständig im gegnerischen Strafraum warten, der Ball würde hoch und weit nach vorne geschlagen in der Hoffnung, den Torjäger in Szene zu setzen. Aber die Schönheit des Spiels hätte keine Chance mehr, sich zu entfalten.
Ein Spieler wird übrigens nur dann für seine Abseitsstellung bestraft, wenn er nach Ansicht des Schiedsrichters zum Zeitpunkt, zu dem der Ball von einem Mitspieler berührt oder gespielt wird, aktiv am Spiel teilnimmt, indem er ins Spiel aktiv eingreift, einen Gegner beeinflusst oder/und aus seiner Position einen Vorteil zieht.
Auch das macht Sinn. Wer einfach nur im Abseits steht, wird

noch nicht bestraft. Er muss erst einen Vorteil daraus ziehen. Ich sehe, meine Damen, Sie begreifen schnell. Sich die Jimmy Choos im Laden nur anzuschauen, tut noch nicht weh. Erst wenn Sie sie wirklich kaufen, gibt's vom Konto die Verwarnung ...
Ich bin so gespannt darauf, was Ihr Freund sagt, wenn Sie das nächste Mal sagen: »Ja, klar, eindeutig Abseits ...« Herrlich!

Spielsysteme

Meine Damen, wenn Sie schon einmal eine Fußballübertragung aufmerksam beobachtet haben, könnte Ihnen zu Beginn möglicherweise die sogenannte Aufstellung aufgefallen sein, sprich die Übersicht über die erste Elf, die der Trainer ins Rennen schickt. Und da waren die Feldspieler (der Begriff erklärt sich ja von selbst) auf eine bestimmte Art und Weise angeordnet.
Aus dieser Aufstellung ergibt sich die taktische Grundordnung, in der die Mannschaft agieren soll. Es hilft ja nun rein gar nichts, wenn alle Spieler wie früher auf dem Schulhof in einem riesigen Knäuel dem Ball nachjagen. Im Fußball existieren verschiedene Spielsysteme, die sich im Laufe der Zeit deutlich verändert haben.
Historisch gesehen prägend war das sogenannte WM-System, in dem die Spieler wie die Buchstaben »W« und »M« angeordnet waren (20er Jahre) und das 2-3-5-System (erwähnt schon 1877), die sogenannte Schottische Furche (so genannt wegen des Dreiecks, das sich von oben betrachtet ergibt) oder auch »Pyramide«, eine Aufstellung die auch heute noch in der Tradition der Spieler-Numerierung lebendig ist.

Interessiert Sie nicht? Gut, aber wenn Sie sich mal fragen, warum die Rückennummern zumindest ähnlich verteilt sind und trotz mancher Ausnahmen kein Verteidiger die Zehn trägt, dann dürfen Sie gerne weiterlesen ...

Die beiden Verteidiger trugen damals schon die Rückennummern 2 und 3, die drei Läufer die Nummern 4 *(rechter Außenläufer)*, 5 *(Mittelläufer)* und 6 *(linker Außenläufer)* und die fünf Stürmer die Nummern 7 *(Rechtsaußen)*, 8 *(Halbrechter)*, 9 *(Mittelstürmer)*, 10 *(Halblinker)* und 11 *(Linksaußen)*.

Auch heute sind deswegen 2 und 3 häufig die Nummern der beiden Außenverteidiger, 4, 5 oder 6 die Nummern von vor allem mit Defensivaufgaben betrauten Spielern, 8 und 10 die Nummern von Spielern, die als *Spielmacher* mit der Planung und dem Aufbau des Angriffs beschäftigt sind, 9 die des zentralen Stürmers. Daran können Sie sich auf dem Feld gut orientieren, wenn Sie mal den Überblick verlieren. Also wenn einer eine niedrige Nummer trägt, schießt er in der Regel wenig Tore. Ganz einfach, oder?

Wundern Sie sich aber nicht – manche Spieler nehmen sich oder bekommen auch völlig andere Rückennummern, aus Not oder Aberglaube. Entweder ist einfach keine andere Nummer mehr frei, oder der Profi will die Nummer nicht mehr hergeben, mit der er schon lange spielt. Michael Ballack ohne die 13? Unvorstellbar.

Im modernen Fußball sind die Systeme komplexer geworden, und der klassische *Libero* aus den achtziger Jahren existiert ebenso wenig mehr wie der althergebrachte *Vorstopper* oder *Manndecker* (Ausnahmen bestätigen aber die Regel, Otto Rehagel wurde mit Griechenland 2004 Europameister – MIT Libero). In der Abwehr agiert meist die sogenannte *Viererkette*, so nennt man die Formation, weil die vier Spieler quasi wie

Perlen auf einer Linie aufgereiht sind und sich auch so verschieben. Hat aber sonst mit Schmuck nichts zu tun.
Die klassische *Manndeckung* musste einer sogenannten *Raumdeckung* weichen – lachen Sie nicht, *Manndeckung* klingt unanständig, ist aber nicht so gemeint.
Zu den mittlerweile am weitesten verbreiteten Systemen zählt das sogenannte 4-2-3-1. Vor der Viererkette (deshalb die 4) dienen im Mittelfeld zwei Spieler zur defensiven Absicherung, sie werden *Sechser* genannt. Davor befinden sich drei offensive Mittelfeldspieler, der mittlere gibt den *Zehner.* Zieht man die kosmologische Zahlenlehre zu Rate, so steht die 10 für Intuition, Gewinn, Glück und eine Wende zum Besseren. Na, das lässt sich doch leicht auf den Fußball übertragen.
Denn die Zehner sind die magischen Spieler, die für Momente sorgen können, die unsterblich machen. Die berühmtesten Fußballer aller Zeiten waren fast allesamt Zehner. Die Zehner sind die, die Regie führen, die die Fäden ziehen, sie können ein Spiel bestimmen und es dirigieren, sie sind die Masterminds der Mannschaft. Heute hat sich diese Verantwortung auch auf die Sechser verlagert, aber dennoch wird die Zehn nie ihren Mythos verlieren.
Pelé, der als bester Fußballer aller Zeiten gilt, war ein Zehner, Maradona ebenso, Günter Netzer, natürlich Zinedine Zidane, Roberto Baggio, Michel Platini, um nur die größten zu nennen. Vielleicht kurz für die Damen: Ein bekanntes Luxuslabel aus Frankreich, das mit den ganz teuren Koffern und Taschen und den Initialien LV, hat vor kurzem eine Werbung herausgebracht, in der Zinedine Zidane, Pelé und Diego Maradona Tischfußball spielen.
Schauen Sie sich diese Werbung einmal an, dann lernen Sie die Gesichter dreier der bedeutsamsten Fußballer der Welt

kennen. Wenn Sie Ihrem Freund dann noch eine Tasche abschwatzen können – dann ziehe ich meinen Hut.
Das, was Sie jetzt mitbekommen haben, wirkt möglicherweile etwas technisch und soll Ihnen bitte schön nicht den Spaß am Fußball nehmen. Vielleicht hilft aber ein wenig Klugscheißerwissen, um Ihren Freund beim nächsten Fußballabend so richtig schön zum Stottern zu bringen. »Schahaaatz, haben die Ungarn in den Fünfzigern eigentlich mit dem WM- oder dem WW-System gespielt?« Und: »Wen fandest du besser, Pelé oder Platini?« Da ist was los auf dem Sofa, das verspreche ich Ihnen!
Sie sollten außerdem natürlich noch wissen, dass der Schiedsrichter auch Gelbe und Rote Karten verteilen kann, bei einer Roten heißt es sofort: »Arrividerci«, eine Gelbe bedeutet zunächst Verwarnung, wenn's noch eine Gelbe gibt, wird daraus Gelb-Rot, und es heißt wieder: »Ab unter die Dusche.«
Im Gegensatz zum Eishockey oder auch Tennis existiert noch kein Videobeweis im Fußball. Wundern Sie sich nicht, die Diskussionen darüber währen seit Jahren. Wenn Sie mich fragen: Ich persönlich bin ein klarer Gegner davon, weil es dem Fußball so unglaublich viel von seinen Emotionen rauben würde. Da stimme ich mit dem wunderbaren Günter Netzer überein, einem der größten deutschen Fußballer aller Zeiten.
Ich bin dagegen, weiß aber, dass viele aus der Zunft der betroffenen Schiedsrichter sehr glücklich darüber wären. Ihre Fehlentscheidungen würzen zwar das Spiel und gehören zu einer gewissen Romantik hinzu, doch leiden die Schiedsrichter selbst am meisten darunter, falls sie einen Fehler gemacht haben und, wenn sie im Fokus des negativen Interesses stehen, warten müssen, bis – so sagt es ein anerkannter FIFA-Schiedsrichter – »eine andere Sau durchs Dorf getrieben wird« … Und fragen Sie mal die Vereine nach ihrer Meinung,

die wegen kumulierter Fehlentscheidungen am Ende abgestiegen sind, weil die alte Weisheit »Es gleicht sich alles aus« eben nicht gegriffen hat …
Wenn Sie trotz allem noch nicht zurechtkommen im Fußballalltag: keine Panik! Nur Geduld, Rom ist genauso wenig an einem Tag erbaut worden, wie Sie urplötzlich zum Experten werden. Trotzdem finden Sie am Ende des Buches im Anhang noch die eine oder andere nützliche Redewendung, mit der Sie absolut unbeschadet jeden Fußballabend überstehen. Und dazu noch die Antwort auf eine meiner liebsten Preisfragen: Wie groß ist eigentlich das Tor? Viel Spaß!

Nachwuchsarbeit: Wenn der Vater mit dem Sohne

Der Pate Don Corleone hat einmal gesagt: »Ein Mann, der nach getaner Arbeit nicht zu seiner Familie geht, ist kein richtiger Mann.« So etwas nenne ich Familiensinn. Das muss man sich mal auf der Zunge zergehen lassen: ein eiskalter Killer mit familiärer Moral … Wir wissen aber natürlich alle, dass selbst in den modernsten Ehen die Mütter meistens mehr Zeit mit den Kindern verbringen als deren Erzeuger.

Insofern bietet Fußball dem Großen und dem Kleinen ein wunderbares Refugium. Es gibt genug kleine Jungs, die könnten Ihnen die Stammformation eines jeden einzelnen Bundesligavereins aufzählen, die führen Statistiken über ihren Lieblingsclub und wissen ganz genau, wegen welcher Verletzung ihr Spielmacher gerade ausfällt. Sie tun das sicher nicht nur, weil sie damit beim Vater punkten können. Und die Mütter schleppen sie trotzdem zum Hockey … Also nichts gegen »Bückeball«, aber wenn Jungs – oder Mädels – schon zum Fußball wollen … Nun ja, es steht mir nicht zu, mich in ihre Erziehung einzumischen …

Beim Fußball sind beide gut aufgehoben, Vater und Sohn. Väter können ihr Wissen weitergeben, die Kinder saugen es auf, die gemeinsam verbrachte Zeit nennt man dann wohl neudeutsch »Qualitätszeit«.

Vor einiger Zeit fand sich in der *Zeit* in einem wunderbaren Artikel eine »Anleitung zum Männlichsein«.

Der Autor nannte Fußball gleich in Regel Nummer eins: »Es gibt ein Terrain, das für Vater und Sohn reserviert ist. Es ist abgesteckt durch das Bewusstsein, gleiche Gefühle, Sehnsüchte, auch Gefährdungen zu haben. Dieses Terrain entsteht nicht von selbst, verschwindet auch schnell, wenn man nicht aufpasst und sich nicht darum kümmert. Und die Reservierung muss beachtet werden: Hier darf nicht jeder rein.«

Kleine Jungs, die in ihrem Zimmer wichtige Spielszenen nachstellen, fühlen sich in dem Moment wirklich wie in ihrem eigenen Stadion. Und das ist, verdammt noch eins, ein gutes Gefühl!

Regel Nummer zwei: »Was ein Vater an seinen Sohn als Mann weitergibt, lässt sich nicht auf eine Formel bringen. Das muss jeder für sich selbst entscheiden. Es ist sicher wichtig, was es im Einzelnen ist, aber das Wichtigste ist, dass es überhaupt geschieht. Dass dieser Dialog überhaupt stattfindet. Jeder sollte sich fragen, warum er ihm aus dem Weg geht. Weil der Dialog unzeitgemäß ist, aus der Mode gekommen? Oder ist es in Wahrheit nicht so, dass man ihm aus dem Weg geht, weil es bequemer ist?«

Mein persönlicher Kontakt zu meinem Vater hatte auch viel mit Fußball zu tun. Ich hatte ein Tochter-Vater-Verhältnis, das dem eines Jungen zu seinem Vater – glaube ich – sehr ähnelte. Meine Mutter fühlte sich sicherlich oft ausgeschlossen, was mir natürlich im Nachhinein sehr leidtut, denn ich eiferte meinem Vater in allem nach. Ich aß nur, was er aß, ich ahmte seine Mimik nach, ich vergötterte ihn schlicht und ergreifend. Und da er sich für Fußball interessierte, tat ich das eben auch. Die Stunden der *Sportschau* waren heilige Zeit für mich, Zeit, die ich zusammen mit meinem Vater verbringen durfte.

Nie besaß ich Barbies oder Puppen, dafür aber ein Plastik-Parkhaus mit kleinen Spielzeugautos und eine Stofftiersammlung. Papa und ich schauten neben Fußball gemeinsam *Tom und Jerry,* und noch heute rede ich mit meinem Vater immer wieder über unser gemeinsames Thema, das uns auf spielerische Art verbindet. Was macht Schalke, wie geht es dem FCK, wer ist momentan der beste Spieler der Liga – solche Sachen eben. Ich glaube, im Grunde meines Herzens habe ich, das Einzelkind, meinen Beruf gewählt, weil ich meinen Vater stolz machen wollte.

In der *Zeit* heißt es weiter: »Abgrenzung ist wichtig, auch die vom eigenen Vater. Entgegentreten, sich behaupten, sich Respekt verschaffen, das sind die Wörter, die Markierungssteine. Man muss dem Vater etwas wegnehmen, Macht zum Beispiel, ihm, dem Mächtigsten von allen, und Verantwortung muss man ihm wegnehmen – und alles in den eigenen Rucksack packen.«

Der Münchner Psychologe und Therapeut Wolfgang Schmidbauer hat dafür sogar eine Formel aufgestellt, das sogenannte 50-Prozent-Gesetz: In 50 Prozent meines Lebens, der Hälfte also, hat der Vater nichts zu suchen. Wirkt vielleicht etwas grob, sagt auch Schmidbauer, er betont aber, dass diese Aufteilung hilfreich sei. Der Mann hat schließlich mit Hunderten von Patienten die Vater-Sohn-Beziehung aufgearbeitet.

So gesehen, erspart der Gang mit Papa ins Stadion Ihrem Kind später vielleicht ellenlange Therapiesitzungen, gibt beiden den Freiraum, den sie brauchen, und Ihnen die Möglichkeit, ganz in Ruhe etwas für sich zu tun.

Ich vermute, dass es für meine Mutter nicht einfach war zu akzeptieren, dass mein Vater und ich dieses besondere Verhältnis hatten. Das Verständnis dafür ist bei einer Tochter vermutlich noch schwerer aufzubringen. Nur denken auch sie daran: Ein Kind meint das nie persönlich. Es ist einfach stolz auf die Nähe zu dem einen oder anderen Elternteil. Kinder brauchen eine sichere Bindung zum Vater genauso wie zur Mutter.

Im Übrigen bin ich der felsenfesten Überzeugung, dass sich Kinder ihre Vereine selbst aussuchen sollten. Väter, die ihre Kinder schon bei der Geburt bei einem Verein anmelden, lassen dem Nachwuchs nicht viel Handlungsfreiheit. Andererseits kenne ich keinen Fünfjährigen, der Bayern-Fan ist, wenn der Papa für Eintracht Frankfurt schwärmt. Man muss sich aber mal vorstellen, dass es genügend Eltern gibt, die die Religionswahl ihrem Kind überlassen wollen und es erst in den Ethikunterricht schicken, die aber die Mitgliedschaft beim FC Bayern schon vor der Geburt beantragt haben ...

In Osnabrück gibt es im Krankenhaus sogar einen lila-weiß gestrichenen Kreißsaal (die Vereinsfarben des VfL Osnabrück), wo Sie eine Tür weiter direkt den VfL-Mitgliedsantrag für das Neugeborene ausfüllen können ... wenn Sie denn wollen.

Natürlich machen die Vereine auch gut Kasse mit den Kids. Die Gesamteinnahmen der deutschen Klubs liegen im Merchandising bei weit über 100 Millionen Euro. Mittlerweile gibt es beinahe alles im Vereinsdesign, vom Schnuller übers Lätzchen bis zum Strampler, von Fläschchen, Bettwäsche, etc. gar nicht zu reden.

Für das Trikot des Lieblingsspielers müssen gut und gerne 50 Euro auf den Tisch, aber ihr Kleiner (oder schon ihre Kleine?) wird damit stolz wie Poldi in den Kindergarten gehen. Zumindest, wenn der Verein am Wochenende gewonnen hat.

Ich kenne kaum einen jungen Papa, der nicht davon schwärmt, dass sein Sohn sicherlich ein beidfüßiger Torjäger wird. Spätestens nach zehn Monaten, wenn der Kleine gerade mal mit Hilfe stehen kann, müssen sie sich schon anhören, wie der Wunderbursche in achtzehn Jahren die Meisterschale hochhält.

Aber Achtung: Den meisten bleibt eine lukrative Profi-Karriere versagt. Es sind nur ganz wenige, die es schließlich in die Bundesliga schaffen. Ein wenig Träumen darf den Vätern aber durchaus erlaubt sein.

Internationaler Wettbewerb … oder interkulturelle Beziehungen

Italiener sind charmant, Griechen nachweislich arm, wenn sie nicht einer alten Reederdynastie angehören, Schweden hübsch, Franzosen arrogant, und wo kommen eigentlich die besten Liebhaber her? Die Liste der Vorurteile ist ebenso lang wie die der Probleme, die in interkulturellen Beziehungen auftauchen. Grundsätzlich sei gesagt: Wir schleppen alle unser Päckchen mit uns, egal aus welchen Land wir stammen. Aber wenn Männer und Frauen sich sowieso nicht verstehen, können sie sich doch vielleicht mit Handzeichen verständigen?

Ein kleiner Urlaubsflirt mit Ihrem Tennislehrer ist völlig unproblematisch, aber eine ausgewachsene Liebesgeschichte hat auf internationalem Parkett durchaus Tücken.

Problem Nummer 1: Verständigung.

Ihr Franzose hat einen wunderbaren Akzent, leider spricht er kein Deutsch und sie kein Französisch. Jetzt streiten Sie auf Englisch, finden aber natürlich nicht die richtigen Wörter. Wir sind außerdem in unserer eigenen Sprache viel mehr in der Lage, auf Zwischentöne zu achten. In einer Fremdsprache kommen unsere Schimpftiraden vielleicht viel ruppiger an als in unserer eigenen. Beziehungen in einer Fremdsprache zu führen ist eine ganz besondere Herausforderung, und glauben Sie mir: Ich weiß genau, wovon ich spreche. Es geht leider viel verloren in der Mittlersprache, auch so etwas wie spontaner Humor fällt überaus schwer, wenn ihr Gehirn erst einmal den Übersetzer spielen muss. Eigentlich dachte ich auch, nachdem ich rund 5000 englische Liedtexte seit den Achtzigern gespeichert habe, dass ich es schaffen müsste, Gefühle auszudrücken. Aber weit gefehlt. Die Sprachbarriere kann ein wirklich existenzielles Problem darstellen. Doch es lässt sich lösen!

Denn das Gute daran ist: Sie lernen blitzschnell Französisch und jede andere Fremdsprache (versprochen!), und wenn die Beziehung doch in die Brüche gehen sollte, kann Ihnen niemand die neue Sprache mehr nehmen. Und das, so sagte ein guter Freund von mir jüngst, ist doch mehr als bei vielen anderen gebrochenen Herzen am Ende bleibt ... Wenn Sie dann Ihr neu gelerntes Wissen wieder anwenden wollen, gehen Sie einfach in ein Lokal Ihrer Wahl. Ich beispielsweise bekomme mittlerweile bei jedem Italiener einen Tisch, auch wenn er komplett ausgebucht ist. Ich überrede ihn einfach auf Italienisch ...

Problem Nummer 2: Interkulturelle Differenzen.

Dass Sie gerne frühstücken und Ihr italienischer Liebster mit drei Espresso auskommt, darüber können Sie ja noch gefühlvoll hinwegsehen. Dass er aber im zarten Alter von 35 Jahren noch nie auf den Startknopf einer Waschmaschine gedrückt hat und jedes Wochenende bei Mami auf dem Schoß sitzt, kann uns deutsche Frauen schon zur Verzweiflung treiben. Ein Familienurlaub zu zehnt – für uns ein Gruppen-Alptraum, für Italiener der wahre Feriengenuss.

Ja, ich habe das erlebt, 60 Kilometer südlich von Neapel, in einem kleinen malerischen Ort namens Agropoli. Ein einziges Mal in zwei Wochen wollte ich dann doch meine Ruhe haben vor der tagtäglichen Rundumbeschallung und hatte mir schlauerweise als Ausrede einfallen lassen, ich müsste dringend zum Kiosk, um mir den *Kicker* zu kaufen. Ich dachte zumindest, das sei eine unverfängliche und höfliche Art, sich ein paar Stunden Freiheit zu erschleichen.

Da es weit und breit nur einen einzigen Kiosk gab, ließ ich mir kurz den Weg erklären und wollte dann gemütlich losfahren. Hätte ich mich doch bloß ein wenig beeilt! Denn kaum als das Wort »Kiosk« ausgesprochen war, hingen sofort drei Familienmitglieder an mir, die unbedingt mit in den Ort mussten – und im Zweifelsfall dann eben auch zum Kiosk. Auch diese halbe Stunde war mir also nicht vergönnt. Verstanden hat mein Bedürfnis ohnehin niemand. Je mehr Leute auf einem Fleck, umso besser …

Verstehen Sie mich nicht falsch, das war eine ganz wunderbare Familie, aber eben eine italienische. Erlauben Sie mir einen kurzen Exkurs zum Thema Aberglauben: Als wir einmal mit Mutter und Nichte im Gepäck vom Strand zurück ins Haus fuhren, sahen wir eine schwarze Katze auf der linken Straßenseite. Das Tier sah sehr freundlich aus, doch la Signora stieß einen kurzen, sehr spitzen Schrei aus, und der italienische Fahrer lenkte sofort den Wagen zur Seite und schaltete den Motor aus. Ich verstand nicht, was ihn zu dieser Aktion getrieben hatte, vermutete aber, dass es etwas mit der Katze zu tun hatte. Die Sonne stand hoch am mediterranen Himmel, und so langsam begann der Schweiß zu rinnen. Doch niemand machte Anstalten weiterzufahren. Allmählich begann der Durst an mir zu nagen. Es dauerte noch rund zehn Minuten, bis von hinten ein anderer Wagen auftauchte. Und erst als uns dieser Wagen überholt hatte, drehte der Fahrer den Schlüssel im Schloss und ließ das Auto wieder an. Wir fuhren weiter. Erst später erfuhr ich, dass man zwingend warten müsse, bis einen ein anderes Auto überholt, bevor man bei einer Begegnung mit einer von links kommenden schwarzen Katze weiterfahren dürfe. Ansonsten drohe unermessliches Unglück. Ich fragte mich allerdings, ob es nicht ein größeres Unglück sei, wenn man auf der Landstraße bei sengender Hitze langsam verdorrt, weil vielleicht kein anderes Auto von hinten kommt. Da ist mir die Katze aber so was von wurscht … Nun ja, andere Länder, andere Aberglauben.

Natürlich begegnet die Familie Ihnen sehr herzlich, doch kochen und putzen sollten Sie schon, damit Sie wirklich integriert werden. Andere Aktivitäten am Wochenende als der Besuch der Eltern können nur sehr schlecht eingeplant werden. Überhaupt – Planung! Für eine halbwegs durchorganisierte Frau, und das sind wir ja schließlich in der Regel, ist es schwer zu begreifen, wie unterschiedlich Uhrzeiten interpretiert werden können. Allein die Angabe »19 Uhr« bietet zwei Stunden Spielraum, wo bitte sehr liegt das Problem?

Wenn Ihr Angebeteter dann am Ende des Tages auch noch Berlusconi hinterhertrauert, wissen Sie, dass Sie schleunigst wieder über den Brenner müssen – und zwar in nördlicher Richtung.

Problem Nummer 3:
Prägungen.

Viele Paare leben in sogenannten »geframten« Beziehungen, sprich: Sie haben einen kulturellen Rahmen, in dem sie sich bewegen. Sie pflegen gute Beziehungen zu Verwandten, haben einen ähnlichen Background und sind in ähnlichen Ver-

hältnissen aufgewachsen. Genau da wird es in interkulturellen Beziehungen oft schwierig. Ihr spanischer Freund hat natürlich noch nie von der *Lindenstraße* oder dem *Tatort* gehört, dem Sonntagabend-Klassiker in Deutschland. Sie essen gerne um 19 Uhr zu Abend, bei ihm rührt sich der Magen nicht vor 21.30 Uhr. Er hat japanische Zeichentrickserien in seiner Jugend geschaut, Sie würden ihm gerne von der Ballettserie *Anna* oder von *Silas* erzählen.
Er hat keinen Lebens-Freischwimmer gemacht, Sie sind dagegen schon mit 19 Jahren ausgezogen. Er ruft jeden Tag seine Mutter an, Sie sind froh, wenn Ihre Sie für eine Woche in Ruhe lässt. Das ist auf Dauer wirklich schwer zu vereinbaren. Wenn Ihr Liebster allerdings zumindest in Deutschland aufgewachsen ist, werden Sie sich leichter tun. Sonst müssen Sie ganz ehrlich mit sich sein, ob Sie mit den Gepflogenheiten in einem fremden Land zurechtkommen und ob Ihre Beziehung das trägt.

Problem Nummer 4:
Distanz.

Fernbeziehungen belasten Seele und Geldbeutel, so viel steht fest. Es ist grundsätzlich besser, wenn Sie Ihr Herz an einen Mann im Umkreis von maximal 50 Kilometern verlieren, das kostet Sie weit weniger Nerven und auch deutlich weniger Euronen.

Sollten Sie sogar einen Auslands-Fernbeziehung führen, so hoffe ich für Sie, dass Sie bereits im Skype-Zeitalter angekommen sind. Sonst freut sich Ihr Telefonnetzbetreiber über saftige Rechnungen am Monatsende. Okay, ja, ich verstehe, Sie sind verliebt. Entschuldigung, das hatte ich so jetzt wieder nicht auf dem Zettel.

Rein statistisch betrachtet, funktionieren Distanzbeziehungen maximal drei Jahre. Wenn bis dahin keine räumliche Veränderung eingetreten ist, trennen sich die meisten Paare. Allein der logistische Aufwand, die Liebe am Leben zu erhalten, wird vielen auf die Dauer zu groß. Jede Woche ein anderer Flieger, Tausende Kilometer im Auto, das alles nehmen wir natürlich auf uns, wenn Amor so richtig eingeschlagen hat. Aber wenn der im Laufe der Beziehung langsam flügellahm wird …

Doch die langfristige Perspektive spielt trotzdem eine entscheidende Rolle. Wenn Ihr Partner die Aussicht hat, in Ihre Stadt zu wechseln ohne große finanzielle Einbußen, dann wird allein der Gedanke daran den Hormonen wieder neue Nahrung geben. Aber wenn Ihr Angebeteter in Rom wohnt und keine Anstalten macht, auch nur ein Wort Deutsch zu lernen, Sie es sich aber nicht vorstellen können, sich im römischen Durcheinander zurechtzufinden, dann begeben Sie sich von Anfang an auf dünnes Liebeseis.

In Sachen Fußball finden Sie in Italien übrigens noch viel besessenere Tiffosi (italienisch für »Fan«) als hierzulande. Der italienische Fußballfan an Ihrer Seite wird es als große Beleidigung auffassen, wenn Sie ihm seinen Stadionbesuch am Samstag streitig machen wollen. Und denken Sie immer daran: Sonntags muss er zu Mama. Also überdenken Sie es noch mal, ob Sie über den Brenner ziehen wollen. Die deutschen Männer sind vielleicht nicht ganz so charmant und in der Regel auch nicht ganz so gut angezogen, dafür aber deutlich weniger familiär – und damit beziehe ich mich auch auf die große Fußballfan-Familie – gebunden.

Kapitel 2

Wichtig ist auf'm Platz:
Wer nicht quietscht, wird nicht geölt

Führungsspieler und Kommunikation: Wer hat wann und wo das Sagen

Ein sehr netter Kollege hat auf einer unserer unzähligen Autofahrten zu den Stadien dieser Republik einmal von seiner Ehe erzählt. Seine Frau ist einige Jahre älter als er, eine sehr lebensbejahende, sympathische, attraktive und resolute rheinische Frohnatur, die ihn immer wieder auf Kurs hält. »Bossi«, so lautet der Spitzname meines Kollegen, weiß das auch zu schätzen, die Beziehung macht einen ausgesprochen positiven und auch sehr stabilen Eindruck. Also interessierte mich sein Erfolgsrezept, und er antwortete, ohne nachzudenken: »In einer Beziehung muss es für verschiedene Bereiche verschiedene Präsidenten geben.«

Man muss gar nicht lange nachdenken, um festzustellen, wie viel Wahrheit in dieser Aussage steckt! Vor allem heutzutage! Früher, als die Aufgaben zwischen Mann und Frau klar verteilt waren (ER bringt das Geld, SIE sorgt für emotionale Wärme), hat sich das ja automatisch ergeben. Aber seit Männer kochen und Frauen Kampfjets fliegen, ist auch unsere Beziehungswelt reichlich aus den Fugen geraten.

In einer Fußballmannschaft kann es ohne eine klare Hierarchie keinen Erfolg geben. Und »die Wahrheit«, so sagte Jahrhunderttrainer Otto Rehagel immer, »liegt auf dem Platz«. Doch auch da funktioniert es einfach nicht, wenn nur ein Einziger das Sagen hat. Am wirkungsvollsten geschützt wird das Mannschaftsgebilde, wenn die Verantwortung auf mehreren Schultern verteilt wird. Jetzt stellen Sie sich Ihre Beziehung einmal wie ein Fußballteam vor. Wer steht im Tor? Wer sichert ab? Wer von Ihnen zieht die Fäden im Mittelfeld? Wo sind Sie gefordert, wo Ihr Partner?

Strukturierte Aufgaben und exakt vergebene Präsidialämter machen vieles leichter. Und das hilft vor allem im ganz banalen Alltag, der für Beziehungen ja ein ähnlicher Gradmesser ist wie das Urteil von Dieter Bohlen für Sangeskünstler. Wer kümmert sich also um die Versicherungen, wer um den Einkauf, wer sucht das nächste Urlaubsziel aus? Geben Sie Verantwortung ab! Delegieren Sie! Nehmen Sie aber auch gleichermaßen Entscheidungen seinerseits hin. Zumindest, solange Sie in seinen Herrschaftsbereich eindringen. Ist doch auch völlig egal für Sie, wo der Wagen nun in die Inspektion kommt. Aber wenn Ihm das wichtig ist und er extra die Bewertungen von zwölf Werkstätten im Internet verglichen hat – bitte schön!

Und bedenken Sie: Männer wollen sich als Mann fühlen, also überlassen Sie ihm, egal was passiert, den Grill. Sicherlich keine bedeutend neue Erkenntnis, aber der verklärte Gesichtsausdruck eines jeden Mannes, der Feuer entfacht hat, mit kleinen Rußflecken auf der Stirn und einem triumphalen »Das Fleisch ist fertig!« an den Tisch zurückkommt, leugnet konsequent die komplette Evolution.

Trotzdem, zurück ins 21. Jahrhundert und in die Beziehungsfallen von heute. Da, wo Konventionen keine Rolle mehr spielen und jedes Paar ganz nach seinem Gusto glücklich (oder eben unglücklich) werden darf, wird gutes Verhandlungsgeschick überlebensnotwendig. Da noch vor zwanzig Jahren viele Beziehungsfragen stark genormt waren – man bekam zwei Kinder, besuchte am Wochenende die Verwandtschaft, fuhr einmal im Jahr nach Italien und zahlte den Mercedes in bar –, gilt es heute, Kompromisse zu schließen oder ganz neue Lösungen zu finden.

Dies ist nur möglich über konsequent gutes Verhandeln. Klingt nicht nach Super-Romantik? Sorry, macht aber durchaus Sinn. Sie wollen doch schließlich nicht Ihr Kaiserinnen-Zepter völlig aus der Hand geben? Ihre Wünsche sind Ihnen doch wichtig? Deshalb sollten Sie eine Balance finden zwischen Kompromissbereitschaft und Durchsetzungsvermögen. Sie sind Ihr eigener Beziehungsanwalt!

Wenn Sie nicht für Ihre Bedürfnisse einstehen, dann tut es niemand, aber auch wirklich gar niemand … außer vielleicht Ihre Mutter, aber das wollen Sie mit über dreißig doch auch nicht mehr. Also überlegen Sie sich Ihre Verhandlungsmasse. Vergessen Sie nicht den Fußball! Erstellen Sie ein Angebot, und formulieren Sie konkrete Wünsche, so kommen Sie gar nicht in den Teufelskreis der Passivität.

Tanja und Robert sind schon seit Jahren nicht mehr in Urlaub gefahren. Robert arbeitet intensiv an einem Drehbuch, zeitlich ist der Mann durchaus flexibel, doch ihm fehlen a) Geld und b) Antrieb. Robert hat von der Welt kaum etwas gesehen, vermisst es aber auch nicht, weil er sich als Autor seine eigenen Kopfwelten schafft. Tanja träumt von einer Flugreise auf die Malediven, zwei Wochen totale Erholung. Doch sie weiß genau: Darauf wird sich Robert niemals einlassen.

Also schlägt sie ihm einen Kompromiss vor: zwei Wochen Südfrankreich mit dem Auto, in einem kleinen Hotel. Verhandlungsmasse: Eigentlich ist es ihr egal, ob Südfrankreich, Italien oder Spanien. Eine Ferienwohnung tut es schließlich auch, billiger als ein Hotel, und der Hund kann auch mit.

Am Ende fahren sie in die Toskana in ein kleines Ferienhäuschen, Robert kann am Tag einige Stunden an seinem Drehbuch arbeiten, Tanja macht vormittags einen Sprachkurs und kann am kleinen Pool faulenzen.

Nachmittags fahren sie beide gemeinsam an den Strand, abends kochen sie sich etwas in ihrem kleinen Domizil. Für beide wird es ein wunderbarer Urlaub. Natürlich könnten Sie jetzt sagen:

Puh, die Arme, da musste Sie sich aber ganz schön weit an die Decke strecken. Andererseits aber wäre die Alternative: gar kein Urlaub. Deshalb sind Kompromisse und Kooperation zwei Grundfesten einer funktionierenden Partnerschaft.
Aber: Wer nicht quietscht, wird nicht geölt. Es ist unfair, von Ihrem Partner zu verlangen, dass er Ihnen die Wünsche von den Augen ablese. Sie können die schönsten haben, aber lesen kann man darin leider nichts. Also müssen Sie sich artikulieren, und zwar am besten sachlich. Das ist eine Sprache, die Männer verstehen.
Eines der wichtigsten Wörter im Fußball lautet »Leo«. »Leo« bedeutet für den Mitspieler, dass er den Ball durchlassen, also passieren lassen soll. Das hat sich so eingebürgert, fragen Sie mich nicht, warum. Ein einziges Wort, das mitunter über Sieg oder Niederlage entscheidet. So einfach machen es sich die Männer.
Wir Frauen sind viel komplexer, ich weiß, aber als zielführend gegenüber einem Mann haben sich schlichte und klare Angebote entpuppt. Am besten stellen Sie zwei Wünsche zur Auswahl, auf einen wird er dann bestimmt eingehen.
Zum Beispiel: »Es wäre toll, wenn wir mal wieder einen Abend ohne die Kinder verbringen würden. Entweder Kino oder ein romantisches Abendessen. Was wäre dir lieber? Diesen Samstag ist kein Spiel, Winterpause!« Probieren Sie's aus! So bekommen Sie garantiert, was Sie wollen, ohne den geringsten Streit. Vorwürfe wie: »Wir haben schon so lange nichts mehr zu zweit gemacht, das scheint dich ja auch nicht zu interessieren …«, sind absolut verständlich – aber äußerst kontraproduktiv. Denken Sie daran: Es geht darum, wie Sie bekommen, was Sie wollen, und nicht darum, Streit anzufangen. Deshalb liebe ich Wahlalternativen.
Natürlich müssen Sie, wenn Sie Wünsche äußern, auch ein

»Nein« einkalkulieren (irks und igitt, wirklich?). Aber das sollte eigentlich nicht zu häufig vorkommen, wenn Sie Ihre Forderungen ruhig vorbringen. Hysterische Ausbrüche sind doch nun wirklich nicht Ihr Niveau, und sie bringen – wie erwähnt – auch leider so überhaupt gar nichts. Im Gegenteil, sie lassen den Widerstand Ihres Partners wachsen, und der steht dann wiederum Ihren Zielen massiv im Weg.

Wenn es am Wochenende darum geht, ob er noch zum siebzehnten Auswärtsspiel seiner Mannschaft fahren muss, dann sagen Sie ihm ruhig, aber bestimmt, dass Sie schon sechzehn Wochenenden auf ihn verzichtet haben und dass Sie jetzt mal dran sind. Dann denken Sie bitte wieder an die Wahlalternativen. Bieten Sie ihm in diesem Augenblick eine Auswahl von zwei oder mehr Möglichkeiten – und es wird funktionieren. Bestimmt.

Außerdem gilt bei dieser Frage ein einfacher Grundsatz, den mir eine sehr, sehr weise Frau mitgegeben hat: Männer bleiben immer kleine Jungs, und man soll sie an der langen Leine lassen. Nur wer im Gefängnis sitzt, sehnt sich nach Freiheit. Wer Freiheiten hat, genießt die Geborgenheit.

Richtig streiten: Nach 90 Minuten muss alles vorbei sein!

Viele Therapeuten sind der Meinung, dass faires Streiten möglich sei. Ich halte das für großen Quatsch. Beide Partner fühlen sich verletzt, werfen einander nur noch den »bösen Blick« zu und wenden sich innerlich voneinander ab.
Streiten hat weniger mit Fußball als mit einem Boxkampf zu tun. Nur dass beim Boxen noch diverse Regeln eingehalten werden müssen und das Handtuch geworfen werden darf. Sie denken, das sei eine Floskel? Nein, ganz im Gegenteil.
Wenn bei einem Boxkampf ein Trainer am Ring der Meinung ist, dass sein Schützling hoffnungslos unterlegen sei, und er außerdem dessen Gesundheit gefährdet sieht, dann wirft er ein Handtuch in den Ring. Der Kampf ist damit beendet. Daher kommt auch die bekannte Redewendung (Achtung: Klugscheißer-Alarm!).
Bei einem Streit wird sicher genau so viel Adrenalin ausgeschüttet, wie wenn Sie zum ersten Mal mit einem Helikopter auf dem UN-Gebäude in New York landen. Versuchen Sie es mal, das ist eine äußerst diffizile Angelegenheit.
Streiten ist fast ebenso anstrengend wie der oben beschriebene Boxkampf, nur dass ich persönlich ein blaues Auge von Wladimir Klitschko vorzöge. Das tut zwar ordentlich weh, hat aber keine nachhaltigen Auswirkungen auf eine Beziehung. Es sei denn, Sie haben sich das Veilchen nicht im Ring geholt …
Meine Damen, wir fangen ja ganz gerne an mit dem Nörgeln, daraus müssen wir keinen Hehl machen. Manchmal habe ich

allerdings das Gefühl, dass auf eine harmlose weibliche Meckersalve eine ausgewachsene männliche Stinger-Rakete in unserer Richtung explodiert. Da wird nicht mit Kanonen auf Spatzen geschossen, nein da werden Atombomben auf Eintagsfliegen abgeworfen! So nämlich!

Man ist ja oft geradezu verdutzt, was eine wirklich nicht bedeutsame Meckerei für dramatische Auswirkungen haben kann. Man mag gar nicht glauben, welche Macht so manche Worte haben …

Hat Ihr Partner auch schon herausgefunden, welchen Knopf er drücken muss, damit Sie sich so richtig schlecht fühlen? Und haben Sie schon so lange mit dem Finger auf seine Macken gezeigt, bis aus einem, der mal mit seinen Kumpels ein Bier trinken geht, ein ausgewachsener Alkoholiker wird?

Sind die Diskussionen austauschbar, die Argumente hundertfach bekannt und kein Gewinner ausgemacht? Willkommen in der wunderbaren Welt des Beziehungsstreits!

Warum gehen wir mit dem Menschen, den wir am meisten lieben, im Streit am respektlosesten um? Diese Frage treibt Paare immer wieder an den Rand ihrer Existenz.

Heute sind wir so gleichberechtigt, dass alles in einen heillosen Machtkampf ausartet. Auch ich habe schon schreckliche Streitsituationen erlebt, Dinge gesagt, die ich bitter bereut habe, und am Ende wusste ich tausend Gründe, warum vielleicht doch eine Trennung die beste Lösung sei.

Meiner einer zum Beispiel ist ein Zweisamkeitsmensch, ich liebe Menschen um mich herum und bin – ja, ich gebe es zu – ungern allein. Jetzt kann man mir das gerne vorwerfen, aber leider bringt man ab einem gewissen Alter keinem Kamel mehr das Stricken bei. So bin ich nun mal, so habe ich es gelernt, und so hat es sich auch in meinem ganzen Leben fortgesetzt.

In jüngeren Jahren habe ich fast ausschließlich in Wohngemeinschaften gelebt, weil ich gerne jemanden zum Reden um mich herum hatte. Und auch als ich später allein lebte, wurden meine Nachbarn immer unverzichtbare Freunde, mit denen man einen schnellen Schwatz halten konnte und die dann zur Familie wurden. Simone, du weißt, was ich meine …
Zwei Jahre habe ich größtenteils in Italien verbracht, und die dort kulturell prägende Geselligkeit habe ich oft in vollen Zügen genossen. Zumindest unter Freunden (familiär ist das eine andere Kiste, keine Frage). Noch einer mehr am Tisch, noch mehr Geschwätz, noch eine Flasche Wein – wie herrlich. Vielleicht gehört das mit zu den Gründen, warum ich Journalistin geworden bin. Ich unterhalte mich nämlich einfach gerne. Und damit stehe ich, meine Lieben, gerade als Frau auch nicht ganz alleine da.
Wenn Sie dann jemanden kennenlernen, der seine Zeit eigentlich am liebsten für sich verbringt, maximal mit seinen Kumpels einen trinken geht und neue Kontakte scheut wie der Teufel das Weihwasser, kann das zum Problem werden.
Oder nehmen wir das alte Lied: Frauchen »klammert«, Männchen will Freiraum. Immer wieder dreht sich der Spieß bei Streitigkeiten in Beziehungen um das Thema Freiheiten – und schließlich um Respekt und Wertschätzung. »Du sperrst mich aus deinem Leben aus«, sagt sie – »Du sperrst mich in deinem Leben ein«, sagt er. Kann es da einen Gewinner geben?
Sie fühlt sich gedemütigt, und er hat einen hohen Preis für seinen »Sieg« bezahlt. Es ist wirklich überaus fatal, zu glauben, im Moment der Auseinandersetzung könnte man allen Beteiligten mit einem nassen Lappen durchs Gesicht wischen – Sie würden sich immer noch fühlen wie bei einem Ritt durch die Wüste.

Deshalb schreiben Sie sich ganz oben auf Ihren Beziehungskodex: Sie dürfen streiten. Aber vermeiden Sie es, wo es geht! Schießen Sie kein unnötiges Eigentor!

Beziehungen ohne Streit sind äußerst selten und müssen deshalb auch nicht nachhaltiger funktionieren. Manche Ehepartner trennen sich gefühlt wöchentlich, sind aber seit 29 Jahren verheiratet.

Doch wenn Gegenstände durch die Luft fliegen und Sie kurz davor sind, seinen unersetzbaren schwarz-gelben BVB-Aschenbecher nach ihm zu werfen, werden Sie sicherlich bei diesem Konflikt nicht als Gewinner vom Platz gehen. Im Streit ist es nämlich anders als auf dem Platz: Es gibt keine Sieger. Niemals.

Und deshalb sollten Sie einen Streit keinesfalls länger als ein Fußballspiel währen lassen. Die berühmten 90 Minuten – dann muss alles vorbei sein!

Sie werden Ihren Partner ohnehin auf keinen Fall von Ihrem Standpunkt überzeugen können, solange Ihre und seine Großhirnrinde noch auf über 180 Grad erhitzt sind. Vielleicht deponieren Sie wie ein Schiedsrichter irgendwo eine Gelbe und eine Rote Karte – und die dürfen Sie oder Ihr Partner in den Streitring werfen, wenn es gar zu heftig wird. Eine Pause bringt die aufgeheizten Gemüter immer wieder zur Vernunft. Gehen Sie in verschiedene Räume, und regen Sie sich bloß ab!

Der Cortisol-Level senkt sich wieder, Ihre Hirnaktivitäten verlagern sich in andere Areale – schon nach 15 Minuten Pause sind Sie dann auch wieder bei klarem Verstand. Wie die Spieler auf dem Platz.

Neue Studien haben übrigens ergeben, dass die »Resilienz« einen überaus wichtigen Faktor für funktionierende Beziehungen darstellt. Hä? Wie bitte? Was? Ehrlich, ich hatte das Wort noch nie gehört, aber es geht in diesem Fall um die

Fähigkeit, sich wieder abzuregen und zur Normalität zurückzukehren. Wie eine Feder, die zurückschnellt in ihre Ursprungsposition. Klar können Sie nach einem Streit tagelang beleidigt sein, jeder benötigt seine Zeit, um etwas zu verdauen, aber die Dauer dieser Verarbeitungszeit sollte eben bei beiden Partnern nicht zu weit auseinanderliegen. Es gibt kleinere bis größere Dispute, auf die Sie einfach einen Stein legen dürfen. Auch ein Revierderby ist irgendwann vorbei. Die Fans sind wieder abgezogen, und in den Städte kehrt Ruhe ein. Meine Güte, man muss sich das Leben ja auch nicht schwerer machen, als es ohnehin schon ist.

Wenn sich der Sturm dann gelegt hat, können und dürfen Sie sich fragen, was denn nun Ihr Anteil an dem Streit war. Warum fühlen Sie sich zurückgesetzt, wenn er seine Wochenenden lieber mit Freunden auf dem Fußballplatz verbringt? Vielleicht tut er es gar nicht »lieber«, er möchte es nur einfach gerne. Es hat gar nichts mit Ihnen zu tun.

Trotzdem tut es weh, trotzdem fühlen Sie sich sitzengelassen. Das hat aber mit IHREN Schatten der Vergangenheit zu tun. Sie wissen ja: unter jedem Dach ein »Ach«.

Nutzen Sie die Situation als Chance. Schauen Sie hin! Trauen Sie sich, die Momente des Streits noch einmal durchzugehen. Das müssen die Spieler auch. Am Tag danach sehen die sich minutiös das Spiel an. Da kochen auch die Emotionen wieder hoch. Wenn bei Ihnen die Wut kommt, setzen Sie sich hin, machen Sie gar nichts. Denken Sie daran, egal ob Enttäuschung oder Ärger, solche Gefühle entspringen AUCH der Tatsache, dass Stresshormone ausgeschüttet werden. Warten Sie ab, und schauen Sie in sich hinein. Können Sie nicht? Welches Gespenst, welcher Dämon läuft denn hinter Ihnen her, dass Sie seit Jahren, ohne anzuhalten, davor weglaufen müssen? Drehen Sie sich um, und schauen Sie Ihrem Widersacher mitten ins Gesicht. Und jetzt? Die meisten fiesen Seelenbegleiter zerfallen in diesem Moment wie Vampire bei Tageslicht.

Nehmen Sie sich ein Blatt Papier, und überprüfen Sie jetzt Ihren Stresslevel. Wo stehen Sie auf einer Skala von 1 bis 10? Zeichnen Sie ein Diagramm, und notieren Sie, wo Sie gerade stehen. Bei sieben vielleicht? Keine Sorge, das wird weniger, Sie werden jetzt bereits Erleichterung spüren.

Ihr Stresslevel baut sich nun langsam ab. Das muss auch so sein, denn von stundenlangen Dauerhormonausschüttungen hat auch die moderne Medizin noch nie etwas gehört. Das schafft Ihr Körper gar nicht. Es braucht Zeit, aber nach etwa 30 Minuten schaltet auch Ihr Gehirn irgendwann wieder auf Normalbetrieb. Versprochen.

Schreiben Sie also immer auf, wo sich Ihre Stresskurve gerade befindet. Dann atmen Sie tief durch und blicken in sich hinein. Was fühlen Sie gerade? Wann haben Sie sich früher so gefühlt? Wann gab es dieses Gefühl schon einmal, vielleicht in Ihrer Kindheit? Hat Ihre Mutter Sie als Kind öfter alleine gelassen? Hat Ihr Vater eine andere Aktivität als die mit der Familie vorgezogen? Uralte, unbewältigte Gefühle können wie kleine Seelentumoren langfristig großen Schaden anrichten.

Spüren Sie Ihren eigenen Anteil auf an diesen Verlustängsten, dann können Sie leichter mit den vermeintlichen Defiziten in Ihrer Beziehung umgehen. Dennoch weiß auch ich nur zu gut, wie schwierig es ist, das eigene Denken zu kontrollieren. Deshalb tut es gut, wenn Sie sich eine Technik dafür schaffen. Auch die Fußballer müssen lernen, mit ihren Defiziten umzugehen. Die eine oder andere Schwäche hat sich später sogar als Stärke herausgestellt.

Wadenbeißer: So schalten Sie den eigenen Terrier im Kopf ab

Kennen Sie eigentlich Ihren größten Feind? Was der BVB für Schalke oder Barcelona für Real Madrid – das ist bei Ihnen die Stimme in Ihrem Kopf. Haben Sie schon einmal darauf geachtet, wie viele negative Gedanken Sie sich am Tag machen? Eckart Tolle, der Autor des Bestsellers »Jetzt – die Kraft der Gegenwart«, schreibt von circa 70 bis 80 Prozent. Tagtäglich!

Sollte Ihr Spiegelbild schon morgens mit Ihnen hadern, seien Sie bitte nicht betrübt: Sie sind nicht allein. Wenn Sie selbst beim Schuhekaufen Ihre Füße zu dick finden, die Handtasche nicht genügend vom Hüftgold verdeckt und Sie ganz sicher sind, dass Ihr Mann schon in die geistige Emigration gegangen ist – dann hat das nichts, aber auch einfach gar nichts mit Ihnen und schon gar nicht mit der Realität zu tun.

Es ist nur die Stimme in Ihrem Kopf, die Ihnen einen solchen gequirlten Schwachsinn einredet. Forscher sprechen von »kognitiver Fusion«, was bedeutet, dass man die eigene elende Hirnwichserei auch noch glaubt, was wiederum doppelt fatal ist! Autsch!

Besonders bei Streitereien sind wir von unseren negativen Gefühlen so überwältigt, dass wir dem anderen Dinge an den Kopf werfen, die wir im entspannten Zustand nicht einmal so meinen. Wirklich nicht, liebe Herren! Aber in diesen Momenten der geistigen Verschmelzung lässt das Ego keine anderen Gedanken zu. Das ist eine richtige Beingrätsche. Sehen Sie den Fußballer vor sich, wie er aufsteht und sich unschuldig wähnt, obwohl er gerade ein böses Foul gemacht hat? Im Eifer des Gefechts …

Leider neigen gerade wir Frauen dazu, auch noch völlig ungefiltert auf die böse innere Stimme zu hören. Schon früh wurde uns von unseren Eltern eingepflanzt, nicht gut genug zu sein. Das Leistungsprinzip, mit dem wir durch die Kindheit gedrängt wurden, spielt uns nun unser ganzes Leben lang einen Streich. Ständig sind wir in innerer Anspannung, wollen besser sein, dünner, größer, hübscher und schlauer – die Liste ließe sich endlos fortsetzen.

Aber mal im Ernst: Was wäre Jennifer Lopez ohne ihren fabelhaften Hintern? Charlene Wittstock, ähm, sorry, Fürstin Charlène, ohne Schwimmerschultern? Lady Gaga ohne Hakennase? Ihre Makel sind ihr Plus, ihre Fehler sind ihr Kapital.

Deshalb machen wir jetzt eine Übung, mit der auch Sie lernen, Ihre innere Stimme zu bändigen. Das gelingt, wenn Sie ein ganz klein wenig trainieren – denn Sie sind der Hüter des heiligen Grals der Zufriedenheit oder Unzufriedenheit – nämlich Ihrer Gedanken.

Lassen Sie die innere Stimme raus, lassen Sie sich nicht mehr in Ihrem Hirn auf das ständige Foulspiel ein. Das bringt Ungemach für sich und natürlich auch für Ihre Lieben. Bernhard Möstl schreibt in seinem wunderbaren Werk »Die Kunst, einen Drachen zu reiten«: »Es gibt keine unkontrollierten Gedanken. Die Frage ist nur, wer sie kontrolliert.«

Ich habe mir zu diesem Zweck eine eigene »Terror-Puppe« erschaffen. Ja, Sie dürfen mich gerne belächeln, aber es ist ganz leicht und hilft – man braucht nur ein wenig Phantasie. Sie falten also Ihre rechte Hand, führen die Finger zusammen und formen einen Schnabel, so wie früher für die Schattenspiele. Dieser Schnabel imitiert dann Ihre innere Stimme. Mit einer möglichst hohen Piepstonlage a là Verona Pooth. So wird Ihnen erst einmal bewusst, wie viel vermeidbares Leid Sie sich tagtäglich selbst zufügen. Ein typischer Dialog mit meiner Terror-Puppe hört sich wie folgt an:

Puppe: »Hm, das solltest du jetzt aber nicht essen. Du bist doch sowieso zu dick.«

Jessica: »Stimmt, aber ich habe doch erst eine Banane heute …«

Puppe: »Jaaaa, aber das war doch schon viel zu viel …«

Jessica: »Ach, was freue ich mich auf ein Gläschen Rotwein heute Abend …«

Puppe: »Oh, das solltest du aber lassen. Hat auch Kalorien!«

Jessica: »Okay, aber ein bisschen Genuss sollte doch schon sein …«

Puppe: »Ja, aber hast du heute denn schon Sport getrieben?«

Jessica: »Ich habe es noch nicht geschafft …«

Puppe: »Und das sieht man. Vor allem am Hintern.«

Jessica: »Okay, du hast recht, aber sonst bin ich doch ganz in Ordnung.«

Puppe: »Du hast zugenommen! Und jeder wird es sehen, vor allem im Fernsehen, und dann hast du versagt!«

Jessica: »Ja, aber sicher nicht mehr als ein bis zwei Kilo …«

Puppe: »Glaubst du? Was meinst du denn, wie dein Freund dich findet? Gisele Bündchen hat nachweislich eine bessere Figur … Letztens hat er doch dieser Blondine in der Bar nachgeschaut …«

Jessica: »Wirklich?«

Puppe: »Hm, hast du das gar nicht bemerkt. Na ja, du hast halt deine besten Tage schon gesehen. Und heiraten wird er dich sowieso nicht.«

Jessica: »Aber er hat mir doch versichert, dass …«

Puppe: »Papperlapapp. Wird schiefgehen.«

Jessica: »Was willst du denn von mir?«

Puppe: »Dass du dich schlecht fühlst, hihi …«

Verstehen Sie das Prinzip? In diesem Gesprächsteufelskreis landen wir andauernd. Wir quälen uns selbst, dabei könnten wir doch in der gleichen Zeit so viel Spaß haben. Es ist sicherlich nicht möglich, alte Denkstrukturen binnen weniger Minuten zu ändern. Aber Sie können sich zumindest dafür entscheiden, Ihre innere Stimme wahrzunehmen, sie als Terror-Puppe anzuerkennen und einfach mal darüber zu lächeln.
Selbst wenn Ihre Lebensumstände gerade mangelhaft sind, Sie ausnahmsweise niemand mit einem Privatjet abholt und Sie auch nicht das Scharren der Hufe des Schimmels hören, auf dem Ihr Prinz doch eigentlich gerade um die Ecke geritten kommen sollte – so können Sie dennoch im Augenblick nichts dagegen tun.
Also entspannen Sie sich und überlegen sich kluge Strategien, wie Sie Ihre Situation verbessern könnten. Sie sind der Herr über Ihre Gedanken, nutzen Sie Ihren Verstand nicht ausschließlich zur Selbstgeißelung.
Benutzen Sie ihn lieber, um sich zu entspannen. Nehmen Sie sich einen ganzen Tag frei, an dem Sie eine Liste erstellen, was Sie wirklich in Ihrem Leben ändern wollen. Sei es, weniger zu arbeiten, die Natur mehr zu genießen, an Ihrer Partnerschaft zu arbeiten, sich einen neuen Sport suchen – und kreuzen Sie die Dinge an, die Sie sofort ändern können.
Verrückterweise findet sich da kaum etwas, aber es ist immerhin ein Anfang. Es ist Ihr Leben, und es handelt sich leider nicht um eine Generalprobe. Ein Neues bekommen Sie vermutlich nicht, auch wenn mir so manche Religion jetzt widerspricht. Also nehmen Sie es an, und verwandeln Sie Ihre eigenen Elfmeter! Sie können das!
Kennen Sie einen Mann, der sich im Profil zum Spiegel stellt, seinen Bauch herausstreckt und dann frustriert von dannen zieht? Ich nicht. Aber leider sind wir Frauen Meister darin.

Statt auf unsere guten Seiten zu schauen, machen wir aus unseren kleinen Mängelmücken ganze Elefantenherden. Mal ehrlich: Mit einem Haarschnitt, wie ihn die meisten Fußballstars haben, würden wir doch keinen Schritt vor die Haustür tun.
Was das jetzt mit Ihrer Beziehung zu tun hat, fragen Sie?
Oh, eine ganze Menge. Denn glauben Sie mir, nichts macht attraktiver als Selbstbewusstsein. Schon bin ich bei den Fußballstars ... Und nichts ist anziehender als eine Frau, die sich selbst mag. Das können Sie auch!
Es bedarf ein wenig Ausdauer, aber wenn Sie Ihre innere Stimme beobachten und sie mit Hilfe der Terror-Puppe herauslassen, wird sie ganz schnell an Macht über Sie verlieren.
Außerdem werden Sie viel weniger an Ihrem Partner herumnörgeln, wenn Ihr innerer Stimmungsterrorist nicht dauernd mit Ihnen hadert. Die nervtötende Unruhe, die in uns herrscht, projizieren wir nämlich nur zu gerne auch auf die Beziehung zu unserem Mann, der – zumindest manchmal – wirklich nichts dafür kann, dass er gerade angezählt wird. Na ja, andererseits hat er doch gerade freiwillig seinen Kopf aus dem Schützengraben gereckt, oder?
Sie können sich natürlich auch eine Handpuppe kaufen, wenn Ihnen das mit dem Schnabel zu blöd ist. Fortgeschrittene dürfen der Puppe sogar ein Medaillon mit dem Antlitz ihres größten Peinigers umhängen. Probieren Sie es einfach mal aus, Sie werden staunen, wie lächerlich Ihnen Ihre innere Stimme plötzlich vorkommt ... Und ein Lachen hat noch nie geschadet.
Wie wohl Sie sich fühlen, hängt nämlich erstaunlich wenig mit Ihren Lebensumständen zusammen. Egal ob mit oder ohne Partner, ob in Reichtum oder Bescheidenheit, ob in einem kleinen Häuschen im Grünen oder in einer Luxusvilla – wo Sie sich die Augen ausheulen, ist doch völlig egal. Wenn Sie wei-

nen, dann tut das in einem Bentley Continental genauso weh wie in einem VW Käfer.
Es könnte Ihnen natürlich bessergehen, logo, wünschen kann man immer. Sie könnten dünner, jünger, größer, schöner oder reicher sein. Ihr momentaner Lebenszustand aber ist der einzige, den Sie haben. Und damit bietet er Ihnen das Optimum. Das ist doch eine tröstliche Erkenntnis.
Selbst Roman Abramowitsch, einer der reichsten Männer der Welt, lebt in der Gewissheit, dass irgendjemand eine noch größere Jacht hat und noch reicher ist als er. Der Mann hat übrigens in der Wirtschaftskrise über 10 Milliarden Dollar verloren. Hallo! 10 Milliarden Dollar! (Denken Sie mal da dran, wenn Sie sich nach der nächsten Frust-Shopping-Tour über die 200 Euro für die Haben-Wollen-Jeans ärgern. Dieses Hammerteil war schließlich eine Notwendigkeit, basta.)
Der einzige Wadenbeißer, der Ihnen weh tut, sind Sie selbst. Hören Sie nicht auf Ihre innere Stimme. Machen Sie nur eine Ausnahme, wenn sie nett zu Ihnen ist.

Mach et Otze!: Wie Sie in Ihrer Beziehung Entscheidungen treffen

Der Spruch »Mach et Otze« gehört im Fußball zu den geflügelten Redensarten, obwohl ich noch nie ein Wort mit Flügeln gesehen habe. Haha. Sei's drum. »Mach et Otze« beruht auf einer ganz besonders skurrilen Geschichte der Fußballhistorie, die ich Ihnen erzählen möchte.

Halbfinale DFB-Pokal, 7. Mai 1991. Der 1. FC Köln empfängt den MSV Duisburg. Gegen Ende der ersten Halbzeit sieht der Kölner Frank Ordenewitz Gelb. Eine Entscheidung mit fatalen Folgen für ihn, denn es war seine zweite Gelbe im Wettbewerb, und er war damit für das Finale gesperrt. Doch Ordenewitz wusste einen Ausweg: glatt Rot! Eine Rote Karte konnte man nämlich nach damaligem Regelwerk noch in der Bundesliga absitzen. Dadurch wäre Ordenewitz für das Pokalfinale wieder spielberechtigt.

Aber dann machte er einen entscheidenden Fehler: Er sagte es in der Pause in der Kabine seinem Trainer Erich Rutemöller. Wenige Minuten vor Ende der Partie holte sich Ordenewitz also Rot – wegen Ballwegschlagens. Leider – aus sportlicher Sicht war das allerdings nur fair – gab der grundehrliche eingeweihte Trainer Erich Rutemöller gegenüber der Presse zu, Ordenewitz habe seine Rote Karte angekündigt – und er, Rutemöller, ihn seinerseits dazu ermuntert mit den Worten: »Mach et, Otze!«

Prompt wurde Ordenewitz vom DFB wegen unsportlichen Verhaltens für das Pokalfinale gesperrt, Rutemöller musste 5000 Deutsche Mark Strafe zahlen, und der 1. FC Köln verlor am Ende das Finale gegen Werder Bremen. Vielleicht hatte das dann doch etwas mit Karma zu tun.

Eine andere berühmte Entscheidungssituation im Fußball war verantwortlich für die »Mutter aller Niederlagen«. Als der Trainer des FC Bayern, Ottmar Hitzfeld, am 26. Mai 1999 im Champions-League-Finale gegen Manchester United in Barcelona dem Wunsch von Lothar Matthäus nachgab, ihn vorzeitig auszuwechseln, leitete er damit eine Tragödie fußballbiblischen Ausmaßes ein. Der deutsche Rekordmeister hatte seit der 6. Minute durch einen Freistoß von Mario Basler gegen ManU geführt, die Bayern hatten das Spiel im Griff – doch diese eine Entscheidung zur Auswechslung führte zu einer Verkettung der unglücklichsten Umstände.

Stellen Sie sich vor, wie es ablief: Kurz vor Abpfiff geschieht das Unfassbare. Ecke in der Nachspielzeit. Thorsten Fink gelingt es nicht, den Ball einfach wegzuschlagen; der eingewechselte Teddy Sheringham trifft zum Ausgleich. Und während sich alle schon auf die Verlängerung einstellen, erzielt Ole Gunnar Solksjaer nur Sekunden später das 2:1. Manchester United gewinnt die Champions League. Ohne Matthäus fehlte der Abwehr der Bayern die ordnende Hand.

Ich war damals in Barcelona, und ich versichere Ihnen: Einen solchen Schock wie damals habe ich selten erlebt. Obwohl ich nicht einmal Bayern-Fan bin.

Und ich habe mir schon oft überlegt, welch irrwitzigen Bockmist einer der Spieler in seinem früheren Leben wohl gebaut haben muss, dass ihn der Fußballgott so hart bestraft.

Zwei Jahre später übrigens gewannen die Münchner die Champions League. Sie waren kurz zuvor Deutscher Meister geworden. Und das diesmal infolge einer richtigen Entscheidung Hitzfelds zumindest aus Sicht der Bayern-Beteiligten:

Saisonfinale 2001. Zwei Teams sind noch im Rennen um die Deutsche Meisterschaft. Die Bayern müssen einen Punkt holen beim HSV, wenn parallel Schalke daheim gewinnt. Kurz vor Schluss liegen die Königsblauen (also Schalke) vorne, während der deutsche Rekordmeister in Hamburg in Rückstand gerät.

Für vier Minuten wähnt sich der FC Schalke 04 als Deutscher Fußballmeister, zum ersten Mal wieder seit 1958, doch dann – wieder in der Nachspielzeit – entscheidet Schiedsrichter Markus Merk in Hamburg auf indirekten Freistoß. (Wer's wissen will, um mitreden zu können: Ein direkter Freistoß kann sofort für einen Torschuss verwendet werden, ein indirekter Freistoß muss immer erst von einem Mannschaftskollegen berührt werden, bevor er ins Tor geht. Was das jetzt mit Liebe zu tun hat? Nichts, aber Angeberwissen hat noch nie geschadet … Zurück zur Sache: der entscheidenden Rivalität zwischen Bayern und Schalkern …)

So, und damit kommen wir zum nächsten Kapitel über einmal getroffene Entscheidungen: Oliver Kahn, der damalige Bayern-Torhüter, wollte eigentlich den Ball schießen – doch der Kapitän Stefan Effenberg befahl: Es schießt der Spieler mit dem kräftigsten Bums, und das war damals der Schwede Patrick Andersson. Andersson hält drauf und hämmert den Ball ins Netz.

Die Bayern triumphieren, Schalke stürzt in ein Tal der Tränen und erhält den Titel »Meister der Herzen«. Markus Merk, der für den umstrittenen indirekten Freistoß zugunsten der Bayern verantwortliche Schiedsrichter, durfte übrigens nie wieder auf Schalke ein Spiel pfeifen. Und als er ein Jahrzehnt später als Experte in der Veltins-Arena auftauchte, wurde er ausgepfiffen und mit Gegenständen beworfen. Die Schalker Seele kann das niemals verzeihen.

Hätte Ottmar Hitzfeld damals Lothar Matthäus nicht ausgewechselt und hätte Andersson nicht geschossen – vielleicht hätte sich die Fußballgeschichte entscheidend verändert.

Auch wir müssen Entscheidungen treffen, und oft hemmt uns die Angst, dabei wirklich auf unsere Bedürfnisse zu hören. Ottmar Hitzfeld wollte Matthäus eigentlich gar nicht aus dem Spiel nehmen, aber Matthäus hatte ihn überredet. Hätte Hitzfeld auf seinen Instinkt gehört, möglicherweise hätte der Meister an dem Abend ein anderes Trikot getragen. Effenberg hingegen folgte seinem Gefühl und beorderte Patrick Andersson zum Ball.

Also lautet mein Rat: Hören Sie auf Ihren Bauch, auf Ihren Instinkt. Setzen Sie sich hin, schließen Sie die Augen, und horchen Sie in sich hinein. Ihre wahren Bedürfnisse erkennen Sie nicht mit dem Verstand. Ihr Gefühl wird Sie jedoch zuverlässig in die richtige Richtung leiten. Sie müssen nur lernen, darauf zu vertrauen.

Im Fernen Osten lautet eine zentrale Frage unter Zen-Mönchen: »Was fehlt mir gerade?« Die Antwort ist oft recht simpel. Vielleicht ein Glas Wasser, vielleicht fühlen Sie sich schlapp und brauchen ein wenig Schlaf, vielleicht einfach nur Ruhe. Im Hier und Jetzt gibt es eben nur sehr einfache Bedürfnisse. Doch gerade auf die sollten Sie achten. Woran mangelt es Ihnen also in diesem Moment?

Was sagt Ihnen Ihr Gefühl? Können Sie innehalten?

Das Wunderbare an dieser Fragestellung ist auch, dass sich bei Ihnen mit ein bisschen Übung auch das herrliche Gefühl inneren Friedens einstellen wird. Selbst wenn alte Wunden aufgerissen werden oder Schmerz auftaucht, wenn Sie Ihrer inneren Stimme folgen, so bleibt Ihnen das tröstliche Wissen, dass sich viele innere Knoten nur bei achtsamer Betrachtung lösen. Treffen Sie also Entscheidungen immer wachsam, im

Kontakt mit Ihrem Gefühl und in Einklang mit Ihren akuten Bedürfnissen.

Wenn es darum geht, große Veränderungen im Leben herbeizuführen – sei es eine neue Wohnung, ein neuer Job, vielleicht sogar ein neuer Lebensmittelpunkt –, so besprechen Paare das natürlich. Aber wenn Sie ganz sicher sind, was Sie wirklich wollen, wird es Ihnen viel leichter fallen, Ihren Partner von Ihren Wünschen zu überzeugen (und dazu muss er keine Heulsuse sein, siehe Kapitel »Kreisklasse oder Champions League«).

Sollten Sie am Anfang einer Beziehung stehen und sich fragen, ob der Typ ohne Schimmel, aber mit Scheckbuch (oder umgekehrt) der Richtige ist, muss ich an dieser Stelle leider eine besonders undankbare Wahrheit verkünden, nämlich die Methode, wie Sie sehr, sehr schnell herausfinden, ob er wirklich ein Traum von einem Mann ist. Filtern Sie doch aus den ersten längeren Gesprächen einfach mal den Ich-Anteil heraus. Was bleibt nach dem Mein-Haus-mein-Auto-mein-Boot-mein-Job-mein-Verein-Imponiergehabe?

Hatten Sie einen Redeanteil von unter 25 Prozent?

Dann vergessen Sie's.

Wittert Ihr Instinkt schon wieder alte Gefahren?

Schickt er nach dem ersten Date keine SMS?

Hat er Sie nach dem zweiten Date noch nicht als Nummer in seinem Handy eingespeichert?

Vergessen Sie's erst recht.

Und wenn Sie ihm zum Sieg seines Lieblingsvereins gratulieren (nachdem Sie lange drüber nachgedacht haben, aber die Idee so besonders toll weiblich empathisch fanden) und er sich trotzdem nicht meldet – dann gilt der alte Sex-and-the-City-Spruch umso mehr: »He's just not that into you«, oder frei übersetzt: Er steht einfach nicht auf dich.

Gerade zu Beginn einer Beziehung bietet sich Ihnen die Chance, eine schnelle Entscheidung zu treffen – später wird es dann oft viel komplizierter, aufs eigene Bauchgefühl zu achten. Wer aber Ihre Bedürfnisse und Gefühle schon in den ersten Wochen missachtet, der hat Sie schlicht und ergreifend nicht verdient. Er soll Sie verdammt noch mal auf Händen tragen, und wenn er sich dabei einen verflixten Bandscheibenvorfall holt.

Doch auch wenn Sie schon in der zweiten Phase angekommen sind, seine Unterhosen bereits das Innere Ihrer Waschmaschine gesehen haben und seine Socken Ihre Wäscheschublade schon hier und da infiltrieren, sollten Sie in der Lage sein, die rosarote Brille kurz gegen unbeschlagene Gläser Ihrer Stärke auszuwechseln.

Denn jetzt kommt's: Er ist genau so, wie er ist. Er ist exakt so und keinen Deut anders. Das bedeutet, dass Sie sich genau überlegen müssen, ob Sie mit seinen kleinen und großen Eigenheiten klarkommen wollen oder zumindest klarkommen können. »Ja, sicher«, flöten Sie jetzt. Noch macht es Ihnen nichts aus, dass er am Wochenende lieber auf Schalke fährt, als mit Ihnen in den Zoo zu gehen.

Aber es wird der Tag kommen, da verfluchen Sie nicht nur den FC Schalke 04 (der es in dem Fall nicht einmal verdient hat, Fußballfans aus dem benachbarten Dortmund sehen das allerdings ganz anders). Da denken Sie dann an Rüdiger Hoffmanns Klassiker – »So ein Duschvorhang *kann* verschimmeln, *muss* aber nicht«. Manchmal macht man den unverzeihlichen Fehler: auf Eigenverantwortung bei einem Lebensgefährten zu setzen! Irrsinniger Gedanke! Das muss noch im Anfall von schwerstgestörten Neuronalschaltungen in der Phase der ersten Verliebtheit geschehen sein.

Aber da hat er ja noch von sich aus den Müll heruntergetragen, mit Getränkekästenkäufen geglänzt und sogar Ihr Auto (!) in die Waschanlage gefahren. Später fühlt man sich manchmal wie eine Mutter, die ihrem 15-jährigen Sohn hinterherräumt, und Monsignore merkt überhaupt nichts. Aber auch später ist nicht zu spät, hoffe ich. Klar, im Eifer des Gefechts räumen wir oft wie das kleine Heinzelmännchen völlig unbemerkt alles schnell weg und denken: Bis ich jetzt erklärt habe, warum Zahnpasta ohne Deckel austrocknet und welche chemischen Prozesse dazu führen, um mich eventuell auf die ausweglose Diskussion einzulassen, ob das bei den neuen Gel-Zahnpasten denn vielleicht nicht doch ganz anders sei, schraub ich den Deckel eben schnell selbst wieder drauf. Basta. Wenn man allerdings zum siebzehnten Mal morgens auf dem Klo sitzt und statt flauschigem Papier einen nur die leere Papprolle anlacht, darf man echt wütend werden. Er geht ja schließlich auch nicht ohne seinen Fanschal ins Stadion. Da wird er auch an andere Selbstverständlichkeiten denken können ... Aber das nur als Exkurs am Rande.

Wie so oft im Leben sind Entscheidungen auch eine Sache des Timings. Ein guter Stürmer steht intuitiv immer an der richtigen Stelle, um die Vorlagen seiner Mitspieler zu verwandeln. Kommt er einen Schritt zu spät, trifft er das leere Tor nicht. So ist es auch mit Entscheidungen. Sie müssen den richtigen Zeitpunkt dafür finden. Rechtzeitig antreten, vorbereitet sein – und auch den Gegner nicht aus den Augen lassen.

Eine der populärsten Entscheidungen im deutschen Fußball übrigens traf Günter Netzer im Pokalfinale 1973. Er sagte zu seinem Trainer Hennes Weisweiler: »Ich spiele dann jetzt.« Er wechselte sich selbst ein und erzielte auch noch den Siegtreffer. Das nenne ich eine gelungene Entscheidung. Chapeau, Herr Netzer!

PS: Eine klassische Entscheidungshilfe besteht in der berühmten Pro-und-Kontra-Liste. Allerdings liegt die Kunst darin, nicht nur eine Liste anzufertigen, sondern für beide zur Wahl stehenden Alternativen durchzuspielen, was dafür und was dagegen spricht. Wenn Sie also zum Beispiel einen Jobwechsel in Erwägung ziehen, dann machen Sie eine Pro-und-Kontra-Liste für den alten UND eine für den neuen Job. So kommen Sie leichter ans Ziel. Vertrauen Sie auf sich, Sie können das!

Rückstand: So drehen Sie das Spiel noch um

Sie fühlen sich in die Ecke gedrängt. Sie liegen in der Liebe schwer im Rückstand, sagen wir mit 0:2, und es sind nur noch wenige Minuten zu spielen. Die Anzeichen sind klar: Ihr Partner wendet sich mittlerweile nicht mehr nur samstags lieber dem runden Leder als Ihnen zu, nein, er lässt wirklich keine Möglichkeit aus, die Fußballflucht zu ergreifen.

Das ist zwar nicht sonderlich ermutigend, aber auch noch kein Grund zur Panik. Denken Sie an den FC Bayern 2001, der ist am Ende auch noch Meister geworden.

Immer wieder gibt es Anlass zum Nörgeln, Ihre Stimmung ist so langsam auf dem Weg Richtung Marianengraben. Sie fühlen sich unbeachtet, Ihre Bedürfnisse werden konsequent ignoriert. Jetzt sind Streitereien bei vielen Paaren ein probates Mittel, ein Ventil zu suchen. Das Problem daran ist: Beziehungsgespräche helfen in diesen Zeiten nichts. Das ist in etwa so, als würden Sie in einem dampfenden Misthaufen auch noch nach dem Ursprung der Scheiße suchen. Stinkt gewaltig und nützt gar nix.

Viel sinnvoller gestaltet es sich in Phasen wie diesen (und es ist nur eine Phase!), den Blick wieder auf das Positive bei Ihrem Partner zu richten. Jajaja, das fällt schwer, ich weiß!

Notieren Sie trotzdem in einem ruhigen Moment die hoffentlich noch existierenden Eigenschaften, die Sie an ihm mögen. Graben Sie tief in Ihren Erinnerungen. Auch die schlimmsten und härtesten Gegner auf dem Fußballplatz können sich nach neunzig Minuten in den meisten Fällen die Hand reichen.

Jermaine Jones vom FC Schalke 04 versuchte einmal vorsätzlich, Supertalent Marco Reus auf dessen ohnehin bereits verletzten Fuß (Zehenbruch) zu treten. Erst wollte er auf den rechten Fuß steigen, merkte aber dann, dass es sich dabei um den falschen, also gesunden, handelte. Daraufhin ging Jones schnell um Reus herum, während der gerade in einer verbalen Diskussion steckte, und trat kräftig zu. Die Kamerabilder entlarvten den Übeltäter. Und was spielte sich daraufhin zwischen Jones und Reus ab? Gar nichts.

Reus dramatisierte nichts, zuckte, in Interviews darauf angesprochen, gleichgültig mit der Schulter, Jones entschuldigte sich noch einmal telefonisch. Ende der Durchsage. (Der DFB sperrte den Übeltäter allerdings für acht Wochen.)

Wenn man doch bloß so entspannt auch mit Beziehungsschmerzen umgehen könnte …

Lieben, das heißt nicht verändern, lieben heißt nicht überzeugen, lieben heißt verstehen. Also denken Sie an die guten Seiten Ihres Partners. Er ist fürsorglich? Ehrlich? Witzig? Charmant? Ich bin sicher, Ihnen wird etwas einfallen. Vermeiden Sie in jedem Fall größere Streitgespräche, lassen Sie in Krisenzeiten mindestens drei Tage lang alle Probleme ruhen. Und das fällt so schwer, ich weiß es. Es ist fast unmöglich.

Warum sollen immer SIE Verständnis haben, fragen Sie an dieser Stelle? Warum kann er nicht mal auf SIE zukommen? Sicher wird er das, aber es geht, bitte verstehen Sie mich nicht falsch, in erster Linie um SIE. Denn Sie werden bei diesem No-Nörgel-Programm merken, dass auch Ihre Laune sich wieder merklich bessert. Es hilft doch nichts, wenn Sie immer wieder Ihre Wut rauslassen, und am Ende geraten Sie in eine Art Strudel, in dem nur noch die Trennung als Perspektive erscheint. Wem ist denn damit geholfen? Keinem, und Ihnen am wenigsten. Vielleicht haben Sie gedacht, die Halbzeitpause diene dazu, dass die Fußballspieler sich erholen, frisch geduscht, geföhnt und eingenordet neu auf den Platz laufen. Aber weit gefehlt, die 15 Minuten der Halbzeitpause dienen auch dazu, die Stimmungsbarometer neu zu justieren, die ersten 45 Minuten Revue passieren zu lassen – und abzuhaken. Konzentrieren auch Sie sich auf die Zeit danach …

Sie möchten Ihn am liebsten mit einem Fußtritt in den Signal-Iduna-Park befördern? Er hat nicht kapiert, was Ihnen das Wochenende gemeinsam mit der Familie bedeutet?

Bemühen Sie sich um Zurückhaltung. Irgendwie. Das physische Problem besteht nämlich darin, dass wir Frauen erwiesenermaßen Adrenalin schneller abbauen können als Männer. Also macht es uns nicht so viel aus, wenn wir auf die Palme stürmen in diesen Zeiten, wir kommen ja auch schnell wieder runter.

Wir haben uns also längst schon beruhigt, während unser Gegenüber immer noch überlegt, ob er uns nun mit einem Messer oder einer 38er ins Jenseits befördern sollte. Wenn Sie also eine Lösung im Streit suchen, sollten Sie ihm Zeit geben. Zu früh in dieselbe Kerbe zu hauen kann nur zu weiterer Entfremdung führen, aber ganz sicher nicht zielführend sein.

Wenn Sie glauben, Ihre Beziehung sei kaum noch zu retten, so ist das mit an Sicherheit grenzender Wahrscheinlichkeit totaler Nonsens. Führende Paartherapeuten gehen davon aus, dass 70 Prozent aller Scheidungen vermeidbar sind. Natürlich existieren Grenzen (gerade wenn Gewalt im Spiel ist), und es gibt nachweislich Paare, bei denen die Trennung der einzige Ausweg ist. Langfristige Liebe lässt sich auch nicht erzwingen, manchmal ist es natürlich besser, getrennte Wege zu gehen, weil man sich entweder geirrt hat oder sich beide in völlig unterschiedliche Richtungen entwickelt haben.

Doch wird beim nächsten Mann alles besser? Vermutlich lautet die Antwort »nein«, die Menge der Probleme ändert sich in der Regel nicht, nur die Problemfelder. Außerdem müssen Sie mit viel Müh und Not die Vergangenheit des Neuen aufarbeiten und werden auch dann feststellen: Jeder hat sein Päckchen zu tragen, hat seine Vergangenheit, seine Macken.

Auch der Neue wird ein eigenes Psycho-Paket mitbringen, und selbst wenn Sie die Annahme verweigern: Wer garantiert Ihnen, dass es dann besser wird? Keiner. Deshalb wäre es doch durchaus wünschenswert, wenn Sie wieder einen liebevollen Blickwinkel auf Ihren aktuellen Partner finden könnten.

Manchmal lässt sich die Situation sogar ohne das Zutun Ihres Partners verbessern. Vielleicht sind Sie der Meinung, dass Sie alles mit ihm ausdiskutieren müssen. Sie können davon ausgehen, dass Männer, wenn sie die Wahl zwischen mittlerer Folter (Waterboarding etc.) und einem Beziehungsgespräch haben, sich für Ersteres entscheiden würden. Also erwarten Sie nicht zu viel, und entspannen Sie die Situation.

Als der FC Bayern im Jahr 2001 noch in der Nachspielzeit das entscheidende Tor zum Gewinn der Meisterschaft erzielte (siehe Kapitel »Mach et Otze!«), da war es Oliver Kahn, der die Mannschaft immer wieder motiviert hatte: »Es geht weiter, immer weiter.« Es waren ja nur noch Sekunden zu spielen, doch die Bayern haben an sich geglaubt und gewannen wenige Tage später auch noch die Champions League.

Der damalige Trainer Ottmar Hitzfeld ist bis heute überzeugt davon, dass es einen kausalen Zusammenhang zwischen dieser hart erkämpften Meisterschaft und dem internationalen Triumph gab.

Geben Sie nicht auf, das ist die Lehre dieser Geschichte aus der Welt des runden Leders. Auch wenn die Situation noch so ausweglos erscheint, es finden sich in der Geschichte doch immer wieder Beispiele für einen positiven Ausgang. In Ihrem Fall heißt es: Retten Sie Ihre Beziehung, denn sie ist die beste, die Sie haben.

Männer und Frauen agieren in der Liebe definitiv unterschiedlich. Es bedeutet aber nicht, dass sie sich nicht verstehen könnten. Das würde im Umkehrschluss ja bedeuten, dass alle homosexuellen Beziehungen großartig funktionieren und alle Schwulen und Lesben für immer glücklich miteinander wären – und davon habe ich beileibe auch noch nie gehört.

Nehmen Sie Krisen als Chance, Probleme sind großartige Ratgeber. Die Zahl der Burn-out-Patienten steigt ständig, die Gesellschaft versteht aber nicht, dass sie aus dieser Erkenntnis etwas lernen sollte. Wenn Erschöpfung zu einer Volkskrankheit wird, dann scheint doch die ganze Gesellschaft einem Irrtum zu erliegen. Nämlich dem Irrtum, dass wir Menschen unkaputtbar seien (siehe »Burn-out«). Wir sind es nicht, und das ist auch gut so.

Private Krisen, auch auf partnerschaftlicher Ebene, machen Sie auf Missstände aufmerksam, die in uns allen lauern wie die Schläfer einer Terrorzelle.

Die Dinge, die Sie am Partner vielleicht ganz besonders stören, können Ihnen oft wertvolle Hinweise auf eigene Unzulänglichkeiten geben. Wenn Sie sich einmal genauer betrachten, dann ist das ein ganz wichtiger Schritt für Sie, denn Sie werden feststellen, dass der andere gar nicht aus bösem Willen oder borniertem Unverstand heraus handelt. Dem ist in der Regel nicht so. Oft sind es Ihre eigenen Schatten aus der Vergangenheit, die ihnen einen Streich spielen.

Wenn sie also – hoffentlich liebevoll – Ihre Liste gemacht haben, verfolgen Sie Ihren Partner nicht mehr mit dem bösen

Blick, sondern betrachten ihn mit all seinen kleinen und großen Macken. Und haben Sie den ersten Schritt getan, ist es Zeit, das Spiel umzudrehen. Wie nach der Halbzeit, wo die gegnerischen Mannschaften ins jeweils andere Feld treten und plötzlich die Welt aus dem Blickwinkel des Gegners betrachten müssen …

Liebevolles Annehmen erst Ihres eigenen Selbst und dann Ihres Partners wirkt in den meisten Fällen wahre Wunder. »Hingabe« und »Akzeptanz« lauten die Zauberwörter. Fühlen Sie kurz in sich hinein, wie gut das tut. Hingabe und Akzeptanz. So spielt das Leben.

Sollten Sie doch zu sehr im Kalaschnikow-Modus verweilen, bewahren Sie Ruhe. Es gilt, auf keinen Fall etwas zu überstürzen. Führende Therapeuten stellen gerne ein mehrtägiges Notprogramm auf, das nur auf eines abzielt: Sie selbst wieder vom allzu großen Stresslevel herunterzuholen. Denken Sie vielleicht an die abgehalfterte Weisheit: Nichts wird so heiß gegessen, wie es gekocht wird (jaja, drei Euro ins Phrasenschwein).

Wenn Ihr Partner Sie nachhaltig hintergangen hat, gibt es natürlich keinen Weg, einfach so zur Tagesordnung überzugehen. Ernsthafte Verletzungen müssen auf den Tisch.

Sollte es sich aber um die ganz natürlichen Entfremdungsmechanismen handeln, so seien Sie sich gewiss: Ein bisschen ist es in der Liebe wie an der Börse. Hausse und Baisse wechseln sich ab, die Liebe ist ein zyklisches Gebilde, und wenn Flaute einkehrt, so halten Sie es einfach wie Angela Merkel: Ein klein wenig »Aussitzen« tut gerade uns Frauen manchmal sehr gut. Am Ende stärkt es sogar das Vertrauen in die Beziehung, wenn wir merken, dass Durststrecken noch lange nicht ihr Ende bedeuten.

Sie sollten sich natürlich klarmachen, was Sie wirklich an Ihrem Partner stört. Vermutlich ist es nicht seine Leidenschaft für Fußball. Das ist doch – jetzt mal ehrlich! – maximal ein Vorwand für tiefer liegende Defizite, die Ihnen Bauchschmerzen bereiten. Er spricht nicht mit Ihnen? Er kommt nach Hause und will nur seine Ruhe? Er wertet Ihre Bedürfnisse ab?

Okay, dieses Männer-wollen-ihre-Ruhe-Ding und Frauen-über-alles-Reden ist eine äußerst weitverbreitete Problematik. Fragen Sie ihn ganz offen, warum er ausschließlich die Rückzugstaktik wählt. Sie sind auch ganz sicher nicht die einzige Frau, die darunter leidet. Das soll nun keineswegs abwertend klingen, aber manchmal ist es tröstlich zu wissen: Sie sind nicht allein. Ihre Beziehungsprobleme sind kein Einzelfall, sondern eher die Regel.

Trotzdem bedeutet das nicht, dass Männer nicht auch dazulernen können. Frauen können das schließlich auch. Vielleicht können sie sich ein wenig mehr auf die Sachebene begeben, während Männer im Allgemeinen ein Stück weit mehr ihre Gefühle zulassen.

Männer haben oft Angst davor, etwas distanziert zu betrachten, denn damit geben sie das Thema kurz aus der Hand. Bis ins hohe Alter versuchen sie jedoch, sich gegen die sogenannte Vergewohltätigung durch die Mutter zu wehren. Das kann übrigens ein schwerwiegender Grund sein, warum sogar erwachsene Männer reagieren wie kleine Kinder. Sie erstarren in einem Mutter-Sohn-Muster und projizieren es eins zu eins auf ihre Partnerin. Er begegnet Ihnen dann mit der gleichen Rebellion wie als Junge seiner Mutter, deren zu starke Nähe er unterbewusst als reichlich belästigend empfand. Um diese Prozesse zu unterbinden, bedarf es einer Menge Geduld –– und in dem einen oder anderen Fall vermutlich sogar eines guten Therapeuten.

Sollte er noch einen Abnabelungsprozess durchlaufen müssen, den Sie bereits hinter sich haben, dann liegt er übrigens in Ihrem Beziehungsspiel zurück – und nicht Sie. Dann müssen auch nicht Sie das Spiel drehen, sondern er. Ha!

Machtkämpfe: Wie Sie sie erkennen und beenden

Streitereien zwischen Führungsspielern einer Fußballmannschaft zählen zu den normalsten Dingen der Welt. Sie dienen dazu, klare Hierarchien zu formen, die der Mannschaft Stabilität geben. Auch in einer Partnerschaft versuchen gerade am Anfang oft Männlein und Weiblein, die eigenen Vorstellungen durchzusetzen, ihre Single-Pfründe nicht aufzugeben und ihren Bereich abzusichern. Und dann verstricken sie sich in energieraubenden und zermürbenden Machtkämpfen. Wie ätzend.

Im Fußball werden solche Machtspielchen andauernd ausgetragen, sei es in der Kabine oder auf dem Platz. Lothar Matthäus hat dem jungen Andy Herzog einmal einen 500-Mark-Schein hingeworfen mit den Worten: »Kauf dir mal anständige Schuhe!« Auch so wird klar, wer das Sagen hat.

Philipp Lahm hat seine Kritik am Verein oder an ehemaligen Trainern sowohl in einem Buch als auch in Interviews mit der *Süddeutschen Zeitung* kommuniziert. Dem Verein war das die höchste Geldstrafe in seiner Geschichte wert. Aber Lahm verschaffte sich damit genau das, was er wollte: Respekt.

Die Machtspielchen bei Paaren beginnen bereits in der Kommunikation. Im Toskana-Urlaub schaut SIE über die Hügel und sagt: »Schau mal Schatz, was für ein herrliches goldenes Licht dort drüben über dem Haus.« ER antwortet: »Die Luft riecht so frisch.« Und das Gespräch verstummt. Eigentlich nichts Schlimmes, und doch geht es an der Stelle nicht mehr weiter.

Sie spricht über ein Ereignis, das sie fasziniert, und er geht nicht weiter darauf ein. Sie soll nun ihm zustimmen, was er bei ihr eben bewusst – oder unbewusst – gerade nicht getan hat.

Anderes Beispiel. Sie sagt: »Schade für die Arbeitnehmer, dass Neujahr ein Sonntag ist. Wo doch Weihnachten schon so doof lag.« Er: »Aber gut für die Wirtschaft. Schau mal, da drüben ist ein Flughafen.« Rums.

Glauben Sie wirklich, dass danach noch irgendjemand Wert auf Kommunikation legt? Wohl kaum. ER stellt auch noch das Radio im Auto lauter, damit SIE ja nicht auf die Idee kommt, noch so eine unnötige Äußerung zu tun. Dass es sich um seine Musik handelt, die sie nicht leiden mag, stört ihn nicht im Geringsten! Spitze!

Sie vermisst von ihm verbale Solidarität, die unter Partnern Gemeinsamkeit und Teamgefühl schafft. Glückliche Paare lästern gemeinsam, nicht weil sie böse sind, sondern weil sie sich damit verbal unterstützen. Im negativen Fall stellt sie eine These auf und kann mit beinahe hundertprozentiger Sicherheit davon ausgehen, dass ihr Partner sie entweder nicht unterstützt oder schlimmstenfalls noch belehrt. Er erzählt von Problemen im Nahen Osten, sie wagt einen Vergleich auf einem Terrain, mit dem sie sich besser auskennt – woraufhin er sagt: »Aber das kannst du doch wirklich nicht in einen Topf werfen! Das geht ja nun wirklich nicht.« Auch dieses Gespräch verstummt.

Beide wollen, dass der Partner ihnen recht gibt, verweigern aber ihrerseits die Zustimmung. Sie wünscht ihm morgens viel Glück für sein Meeting, er wehrt nur ab mit den Worten: »Ach, das ist ja nur eine Besprechung. Das musst du nicht so aufbauschen.« Sie denkt: Danke fürs Gespräch, das nächste Mal wünsche ich dir lieber anständig viel Pech! Ein Teufelskreis.

Es fällt uns vermutlich gar nicht auf, wie oft wir verneinend oder negativ auf die Aussagen unseres Partners reagieren. Es

kann durchaus nervig sein, wenn auf einen Wortbeitrag nur mit Schweigen oder unverständlichem In-den-Bart-Gebrabbel reagiert wird. Das zeugt nicht gerade von besonderer Wertschätzung oder Respekt.
Immer wieder konkurrieren Männer in der Kommunikation mit ihren Frauen, und es gilt, die Muster dieser Machtspielchen zu erkennen und im Zweifelsfall auch anzusprechen. Sonst kann die gesamte Kommunikation sehr schnell ersticken – was andauernd in Restaurants zu beobachten ist, wo sich Paare stundenlang anschweigen. Und das wollen wir doch nicht!
Gerade solche Kommunikationsspielchen bergen echte Gefahren für Beziehungen, denn wenn dann im Laufe der Zeit eine andere Person eingrätscht, die zustimmend und bestärkend reagiert, wird sich der Partner, der sich im Machtkampf unterlegen fühlt, sicherlich leichter auf anderes, vermeintlich konfliktfreieres Terrain begeben.
Gerade Frauen, die sich nicht wertgeschätzt fühlen, sind leichte Beute für den nächsten Charmeur, der ihnen ein besseres Gefühl gibt und einfach mal aufrichtig zuhört.
Dummerweise besteht auch noch die nicht allzu geringe Möglichkeit, dass ein Dialog zum Thema Machtkampf wieder in einen solchen ausartet. Man muss seinem Partner nicht nach dem Mund reden, aber ein unterstützendes: »Oh, ja, als ob Michael Bay hier Regie geführt hätte«, wäre eine wunderbare Reaktion auf ihr toskanisches Lichtfaszinosum gewesen.
Keine Frage, Sie sollten auf Ihrem Standpunkt beharren, wenn es um die wesentlichen Dinge im Leben geht. Aber werfen Sie auch einmal einen Blick auf Ihre Kommunikation! Wenn es um Macht geht, geht es immer auch um Manipulation. Und haben wir das nötig? Nein, wir halten niemanden an der Leine durch Sex oder Sexentzug, wir wollen nicht be-

vormunden, nicht verändern. Aber wer sich immer unterwirft, dem gerät die Liebe auf jeden Fall dauerhaft abhanden. Wer immer das Sagen haben will, fühlt sich auf Dauer auch unbefriedigt.

Viele Machtkämpfe speisen sich aus folgenden Quellen: Geld, Kontakte, Kinder und sexuelle Attraktivität. Wer das Geld hat, hat die Macht, umso wichtiger ist es also für Frauen, ihr eigenes Geld zu verdienen. Ein weiterer Faktor sind das gesellschaftliche Ansehen und die sozialen Kontakte. Es ist ein Ausdruck von Machtausübung, wenn dem Partner der Zugang dazu verwehrt wird. Wenn ein Partner den anderen von seinen Aktivitäten bewusst ausschließt und ihm das auch noch vermittelt, fühlt sich der Ausgeschlossene unterlegen und wird vermutlich wütend. So entstehen auch keine gemeinsamen Freundschaften, die wichtig für Paare sind.

Und in diese Kerbe der Einsamkeit schlägt dann schnell auch mal ein anderer.

Wenn Sie also die Kommunikation in Ihrer Partnerschaft beobachten und feststellen, dass Sie sich meist gegenseitig übertrumpfen wollen oder dass Sie sich ständig in die Ecke gedrängt fühlen, dann fragen Sie Ihren Partner gezielt, was er mit seinen Aussagen bezwecken möchte, und achten Sie einmal genau auf die Kommunikation.

Wenn Sie beide heillose Besserwisser sind, führen Sie doch einfach eine »Klugscheißerkasse« ein. Fünf Euro für jeden verbalen Machtkampf. Und von dem Geld gehen Sie dann schön Essen. Das haben Sie sich schließlich verdient.

Kapitel 3

Abseits: Die größten Liebesfallen

Manndeckung: Geben Sie sich selbst nicht auf!

In dem romantischen Hollywood-Blockbuster *Die Braut, die sich nicht traut* mit Julia Roberts gibt es eine ganz wunderbare Schlüsselszene. Julia Roberts alias Maggie steht in der Küche und bereitet sich die verschiedensten Eierrezepte zu, um dann schließlich festzustellen, welche sie WIRKLICH mag. Bis dato hatte sich Maggie nämlich immer einfach den Wünschen ihres jeweiligen Partners angeschlossen – und die Eier dann auch so gegessen, wie er es am liebsten mochte.

Voller Erstaunen isst sich Maggie also durch diverse Variationen von Eierrezepten, von Rührei über Eier im Glas bis zum Omelett, um dann schließlich festzustellen: Sie mag am liebsten Eggs Benedict (bei Eggs Benedict handelt es sich um ein amerikanisches Frühstücksgericht aus pochierten Eiern auf halbierten englischen Muffins mit einer Scheibe gekochtem Schinken oder Frühstücksspeck und Sauce Hollandaise).

Natürlich eignet sich diese Szene nur als Metapher, und doch steht sie stellvertretend für etwas typisch Weibliches – ich nenne es gerne das Lemming-Syndrom. Viele Frauen, und da schließe ich mich keineswegs aus, wollen immer noch unbedingt gefallen und folgen deshalb ihren Partnern, auch wenn diese nachweislich in die völlig falsche Richtung laufen. Das merken wir oft erst, wenn es zu spät ist, denn da wir zwischenzeitlich in der Isolation gelandet sind, kann uns ja auch niemand mehr sagen, welchen Schwachsinn wir gerade mitmachen.

Meine Freundin Elke ist mittlerweile glücklich verheiratet, doch immer wieder hat sie bis zur Hochzeit Gewalttouren auf dem Mountainbike mit ihrem Lebensgefährten Thomas mitgemacht, obwohl sie daran überhaupt keine Freude hatte. Tagelang quälte sie sich durch die Hügellandschaft im nördlichen Mallorca – nur ihm zuliebe. Im Winter hechtete sie mit ihm durch kilometerlange Loipen, anstatt sich irgendwo auf einer Hütte entspannt zu bräunen. Elke heuchelte Spaß, aber richtig happy schien sie mit seinen Sporturlauben nie zu sein. Er schlug sogar ernsthaft vor, die Hochzeitsreise in einem Iglu-Hotel irgendwo nördlich vom Polarkreis zu verbringen!

Es hat sich am Ende »gelohnt«, er hat sie geheiratet (Glückwunsch, sie sind auch immer noch zusammen, haben ein hübsches Häuschen und eine noch hübschere Tochter), aber insgeheim glaube ich, dass Elke bis heute nicht weiß, wie sie ihre Eier am liebsten isst. Im übertragenen Sinne gesprochen natürlich. Die Hochzeitsreise ging dann übrigens nach Mexiko in ein wunderbares Luxusresort. Die Elcherfahrungen bei Minusgraden blieben Elke erspart.

Ich persönlich habe auch nie so richtig eine Ahnung gehabt, was ich – neben der Arbeit – mit mir wirklich anfangen sollte. Außer mich um meine Hündin Anelka zu kümmern. Natürlich gebe ich das nicht wirklich gerne zu, aber es entspricht nun einmal der ebenso unschönen wie ungeschönten Wahrheit. Ich bin wie ein leeres Gefäß, das immer wieder befüllt werden muss, im Zweifelsfall durch die Interessen anderer.

Brav bin ich meinen Lebenspartnern und deren Aktivitäten gefolgt und glaubte in diesen Momenten wahrhaftig, mich plötzlich dafür zu interessieren. Glauben Sie mir, auch ich hatte keine Ahnung, wie ich meine Eier am liebsten esse.

Einer meiner Ex-Freunde war passionierter Golfer – also habe ich wie verrückt auf der Driving Range geübt und ständig sowohl gegen meine Natur als auch gegen diesen kleinen weißen Ball angekämpft. Ich habe talentfrei Tennis geübt, mir weiße Blusen angezogen (ich weiß heute, dass ich weiße Blusen hasse!) und noch viel mehr Dinge getan, die ich nicht wirklich wollte – IHM zuliebe. Es ist ja nichts dagegen zu sagen, sich einmal einen Rock anzuziehen, wenn der Partner sich das wünscht. Aber dafür regelmäßig meine geliebten Jeans aufgeben? Nein danke.

Viele Frauen stellen die Frage »Wer bin ich?« in einen zentralen Zusammenhang mit ihrem Partner und ihrer Familie. Daran ist sicherlich nichts falsch, aber wer sich und seine Interessen nicht abgrenzen kann, der weiß auch gar nicht, was er an sich selbst mag. Deshalb stellen Sie doch auch einmal eine Liste auf mit den Dingen, die Ihnen wichtig sind. Und fragen Sie sich: Wer bin ich?

Mit der Zeit habe ich natürlich auch gemerkt, wie fürchterlich unglücklich mich dieses »Mitleben« im Endeffekt macht. Partnerschaften geraten leicht in ein Ungleichgewicht, wenn beide Partner unterschiedlich stark an ihren Vorlieben festhalten. Oder anders gesagt: Wie ich mich auf dem Golfplatz zum Affen gemacht habe und bei gefühlten vierzig Grad im Schatten noch einem gelungenen Schlag meines Liebsten applaudiert habe, obwohl ich garantiert Besseres zu tun gehabt hätte, zeugte sicher nicht von einem starken Selbstwertgefühl. Im Gegenteil. Ich wurde immer kleiner und kleiner, denn plötzlich war ich gar nicht mehr existent. Und das war überhaupt nicht seine Schuld!

Deshalb ist es umso wichtiger, dass Sie einfach weiterhin »Ihr Ding« machen. Vielleicht können Sie es dann auch leichter akzeptieren, wenn er seinem Ding frönt und Fußball guckt. Gerade am Anfang einer Beziehung neigen wir ja gerne dazu, uns in der neuen Liebe wie Aloha-Brause in Wodka aufzulösen. Schmeckt erst ganz köstlich, zieht aber einen fiesen Kater nach sich …

Natürlich ist die romantische Symbiose das Ideal einer Partnerschaft, man verschmilzt zu einer Art »Kugelwesen«, aber wenn Sie das durchhalten wollten, müssen Sie nach drei Monaten Ihren Job kündigen und für immer mit Ihrem Freund auf eine einsame Insel flüchten. Keine echte Alternative, wenn Sie mich fragen. Nach ein paar Wochen dort schlagen Sie sich nämlich bestimmt ordentlich die Köpfe ein.

Der französische Schriftsteller Marcel Aymé hatte durchaus recht, als er meinte: »Liebe ist der angenehmste Zustand teilweiser Unzurechnungsfähigkeit.« Doch was passiert, wenn die Wirkung der »Droge« nachlässt?

Irgendwann, spätestens nach achtzehn Monaten, vermutlich bei Männern eher, aber gewiss schon nach einem Vierteljahr, fahren die Botenstoffe im Hirn nämlich wieder auf Normalmaß zurück. Die Zwangsfixierung auf den Partner lässt nach, so dass Sie irgendwie auch wieder mit sich selbst klarkommen müssen (wie ätzend).

Vielleicht hat ER ein paar Wochen seine Fußball- Leidenschaft hintangestellt, aber jetzt will er dann doch wieder ins Stadion. Dummerweise weiß er nicht, wie er das freundlich und empathisch kommunizieren soll, also wird er Sie erst einmal vor den Kopf stoßen. Damit müssen Sie leider rechnen, doch das ist noch lange kein Grund zur Sorge oder für einen Streit.

Diese Entwicklung ist in einer Beziehung völlig normal und gehört dazu. Sie merken vielleicht auch, dass Sie Ihre Freundinnen vernachlässigt haben, ganz banal gesagt fordern der Haushalt und der Alltag ebenso ihren Tribut. Es kann durchaus sein, dass Ihnen die Befreiungsversuche Ihres Partners erst einmal sehr schmerzhaft erscheinen. Noch einmal: überhaupt kein Grund zur Panik. Kein Mensch kann die andauernde Hormonausschüttung über Jahre durchhalten. Das macht kein Hypothalamus auf Dauer mit.

Und doch nagt es an Ihnen. Warum interessiert er sich plötzlich wieder mehr für Schalke als für mich, fragen Sie sich? Warum muss er jeden Samstag mit seinen Kumpels in die Fußballkneipe? Noch einmal: Es tut vielleicht weh, gerade wenn Sie noch lieber vierundzwanzig Stunden am Tag, sieben Tage die Woche, mit ihm zusammen wären. Aber mochte er Schalke nicht schon, als Sie ihn kennenlernten? War er nicht einfach genauso, wie er sich jetzt darstellt? Und wäre er wirklich vollständig er selbst ohne diese Facette?

Klar, in den ersten vier Wochen brillieren sie alle. Im Werben um die Gunst der Frau vergessen sie auch mal das 0:2 in Leverkusen oder das 1:0 auf dem Betzenberg. Sie bringen Blumen, buchen Tische in teuren Restaurants, bestellen großartige Weine, schicken geistreiche Textnachrichten, erkundigen sich, wie der Tag im Büro war, und fragen sogar, ob Sie auch kirchlich heiraten wollen. Im Überschwang der Gefühle glauben Sie ernsthaft, dass das so anhalten würde. Verrückt, oder?

Aber wenn der erste Rausch nachlässt, dann wird aus ihrem Traumprinzen zwar nicht wieder ein Frosch, aber ein ganz normaler Mann mit allen natürlichen Macken, Ecken und Kanten und vielleicht einer Vorliebe für ein gewisses rundes Ding. Er ist – und damit verrate ich Ihnen gerne ein Geheimnis – genauso wenig perfekt wie wir. Leider erwarten wir immer viel zu viel von der Liebe, aber das tut ihr nicht gut.

Die Liebe wird nämlich ständig überfordert. Sie kann nicht alles leisten, und doch fordern wir alles von ihr. Sie soll uns erfüllen, uns glücklich machen, unseren alten Schmerz lindern und dann noch für andauernde Endorphin-Ausschüttung sorgen. Das kann auf Dauer nicht funktionieren. Nach leider recht kurzer Zeit werden wir wieder auf uns selbst zurückgeworfen und müssen lernen, damit zurechtzukommen.

Die Liebe soll unsere Ängste abtöten, uns Sicherheit geben

und uns in die kindliche Zeit zurückversetzen, in der uns nichts und niemand etwas anhaben konnte. Doch wir sind nun blöderweise erwachsen, und die Liebe gehört nicht zu den Dingen, die einem einfach zufallen. Sie erfordert unsere Aufmerksamkeit, unsere Zuwendung und vielleicht auch unsere Toleranz.

Und deshalb sind jetzt Sie dran! Geben Sie sich nicht auf! Sie sind eine tolle, eigenständige Frau, Sie wissen, was Sie wollen, und Sie wollen doch kein Mäuschen sein, oder?

Vielleicht brauchen Sie sogar einige Zeit, um sich darüber klarzuwerden, wo Ihre verschütteten Talente liegen und was eigentlich zu Ihnen gehört. Lange habe ich beispielsweise nach einem Hobby gesucht, das mich erfüllt. Es war wie mit den Eiern bei Maggie. Ich versuchte es mit Reiten, da ich das als Kind so geliebt hatte. Machte einen Sprachkurs, trank mit Freundinnen in Cafés einen Latte macchiato nach dem anderen.

Erst nach über einem Jahr, als ich schon dachte, mir würde außer meinem Job irgendwie überhaupt nichts Spaß machen, bekam ich einen Tipp von einem wunderbaren Schauspieler, Ralf Bauer. Er sagte: »Probier es doch mal mit einer Kampfsportart. Ich kenne viele Frauen, denen das sehr guttut.« Der Gedanke erschien mir sofort plausibel, denn ich wollte mich auch einmal wehren können. Ich hatte mich im Leben oft nicht getraut, einfach Grenzen zu setzen und »Stopp!« zu sagen.

Also setzte ich mich mit der Materie auseinander, sah mir Bruce-Lee-Filme an und entdeckte einen chinesischen Film über den Lehrer von Bruce Lee. Er war ein Wing-Tsun-Meister. Und so kam ich zu dieser chinesischen Kampfsportart, die vor zweihundertfünfzig Jahren von einer Frau erfunden wurde. Seither gehe ich jede Woche mehrfach zum Training und bin begeistert. Endlich ein Hobby, das mir wirklich Spaß bringt.

Ich liebe den Song von Lady Gaga »Born this way« allein wegen der Zeile: »I'm beautiful in my way – 'cause God makes no mistakes – I'm on the right track baby – I was born this way …«, also: »Ich bin auf meine Art schön, denn Gott macht keine Fehler, ich bin auf dem richtigen Weg, weil ich so geboren wurde.« Ladys, ihr seid wunderbar! Macht was draus!

Lieben Sie sich selbst, sonst tut es eh keiner. Selbstachtung beginnt in Ihrem Kopf, sonst nirgends. Also hören Sie damit auf, seinen Bedürfnissen hinterherzurennen, sondern achten Sie auf Ihre innere Stimme. Eigenverantwortung statt Eigentor!

Wenn Sie schon immer gerne shoppen gegangen sind, lassen Sie sich das von Ihrem Neuen nicht vermiesen – solange noch Geld in der Kasse bleibt. Es ist sein Problem, wenn er wiederum sich maximal einmal im Jahr zum Herrenausstatter schleppt und sonst nur gefesselt und geknebelt sowie unter Androhung von körperlicher Gewalt ein Kaufhaus betritt – es sei denn, es finden sich dort Elektro-Fachartikel. Sollte er Umweltfanatiker sein, bedeutet das trotzdem nicht, dass Sie jetzt auch im Winter bei minus 5 Grad nicht heizen sollen oder alle Ihre Kleider ab sofort nur noch aus Fair-Trade-Baumwolle bestehen dürfen.

Und für den Fall, dass Sie sich für so einen hippen Typen mit einem dynamischen Trendberuf entschieden haben, heißt das auch nicht, dass Sie Ihren hart ersparten Hermès-Gürtel oder Ihre Louis-Vuitton-Tasche ab sofort einmotten müssen. Bleiben Sie doch einfach, wie Sie sind … und lassen Sie ihm seinen Fußball.

Trotzdem oder gerade deswegen: Sie machen nichts besser, wenn Sie es ihm nur recht machen, denn über kurz oder lang bleiben Sie dann auf der Strecke. Und wenn Sie in Ihrem Beziehungsmarathon schon an Kilometer drei frustriert und mit hängender Zunge fast aussteigen wollen, dann haben Sie vermutlich nicht richtig auf sich und Ihr Tempo geachtet. Denken Sie daran: Auch eine gute Fußballmannschaft lässt sich vom Gegner nicht das Tempo aufdrücken. Und wenn alle immer in dieselbe Richtung rennen würden, käme gar kein Spiel dabei heraus. Da gibt es Angreifer und Verteidiger – und sogar Torhüter. Die Eigenheiten, die eigenen Stärken und Schwächen, machen uns ja schließlich aus. Also noch einmal und gerne in tausendfacher Wiederholung: Sie sind fabelhaft. Sie sind einzigartig. Niemand ist so wie Sie, und egal, mit welchen exzentrischen Eigenschaften Sie Ihre Umwelt zum Kopfschütteln bringen – Ihr Partner liebt Sie bestimmt genau deswegen.

Es ist wunderbar, eigene Seiten, Ecken und Kanten zu haben. In meiner schlimmsten Auflösungsphase, in der ich mich in jeder Beziehung wie ein Alka Seltzer verlor und selbst immer komplett aufgab, sagte mein damaliger Freund über mich bei Tisch zu seinem Schwager und seiner Schwester: »Jessica ist eine wunderbare Frau. Sie hat immer ein Bier für mich im Kühlschrank.« Himmel, wollen Sie etwa so charakterisiert werden? Wohl kaum.

Ihr eigenes Wohlbefinden steht am Ende des Tages doch an erster Stelle. Natürlich dürfen Sie Ihren Partner auch bekochen und betütern, Sie sollen sich um ihn und Ihre Partnerschaft kümmern, das ist doch selbstverständlich. Ich will nur vermeiden, dass Sie sich zu sehr aufopfern.

Gleiches gilt natürlich auch für Sex. Wie oft tun Frauen es ihm zuliebe? Oft, vermute ich. Natürlich gibt es niemand gerne zu, deshalb existieren darüber auch keine eindeutigen Statistiken. Die Dunkelziffer im Schlafzimmer dürfte allerdings hoch sein. Doch auch in der Waagerechten: Wenn Sie sich selbst lieben und auch Zeit für sich einfordern, werden Sie merken, dass Sie wieder Lust auf den Partner bekommen (dazu mehr in Kapitel »Abpfiff«).

Meine Freundinnen, es ist schwer, bei sich zu bleiben, keine Frage. Aber es geht nicht anders. Und natürlich gehört eine gute Portion Anstrengung dazu, dauernd die Verantwortung für die eigenen Gefühle und Gedanken zu übernehmen. Doch einen leichten Weg heraus aus der erlernten Hilflosigkeit oder aus destruktiven Abhängigkeiten gibt es nicht.

Zum Jahrestag des 11. September las ich ein Interview mit Rachel Uchitel, der Frau, die weltberühmt wurde als »der Engel aus der Asche«. Eine bildhübsche, verzweifelte Frau, die ihren Verlobten Andy suchte, der beim Anschlag auf das World Trade Center ums Leben gekommen war, was Rachel zu dem Zeitpunkt noch nicht wusste, aber sehr wohl ahnte. Sie beschrieb, wie sie durch ihre Traumatisierung in Drogen- und Alkoholabhängigkeit abglitt und am Ende »liebessüchtig« wurde.

Immer wieder neue Männer, neue Affären, die schnelle Ablenkung von sich selbst. Trauriger Höhepunkt war die Affäre mit Golfstar Tiger Woods. Rachel sagt, sie habe lieber schlechte Beziehungen ertragen, als allein zu sein. Die junge Frau hat schwere seelische Schäden erlitten durch den 11. September, keine Frage. Aber selbst wir, die wir keine Entschuldigung dieser Art haben, suchen oft neues Glück in alten Mustern. Rachel ist jetzt mit einem zehn Jahre jüngeren Immobilienmakler nach San Francisco gezogen. Ich bezweifle, dass diese Beziehung halten wird.

Denn ein Mann allein kann Sie nicht glücklich machen. Punkt. Das können Sie nur selbst, und dazu gehört sicherlich auch eine stabile Beziehung. Aber nur wenn Sie Ihr Leben sinnvoll gestalten und auf sich achten, wenn Sie gut für sich selbst und andere sorgen, können Sie Ihre gesamten »Liebesspeicher« auffüllen.

Schreiben Sie auf, was Sie an sich mögen. Und dann, was Sie sich vom Leben wünschen. Diese Liste können Sie beliebig verändern oder erweitern. Und vielleicht notieren Sie auch, was Sie bereit sind, dafür zu tun. Es macht einfach keinen Sinn, wenn Sie sich ein gepflegtes Reiheneckhaus mit einem kleinen BMW davor und zwei Kindern drinnen wünschen und sich dann mit einem Hip-Hop-DJ oder einem unbeschäftigten Schauspieler zusammentun. Wenn Sie es unbedingt wollen – bitte schön. Aber sagen Sie nicht, ich hätte Sie nicht gewarnt!

Eigentor: Seitensprünge und Revanchefouls

Eine Karte für die Dortmunder Südtribüne ist in etwa so begehrt wie ein zweiundzwanzigjähriges Victoria's-Secret-Model. Wenn Sie allerdings einem Schalker ein solches Ticket in die Hand drücken, wird er sie nicht mit der Kneifzange anrühren. Vermutlich wäre das mit dem Victoria's-Secret-Model etwas anders …

Ein Fußballfan begeht keinen Seitensprung. Er würde nie plötzlich für den größten Rivalen jubeln, das lässt seine Ehre einfach nicht zu. Eingefleischte Schalker haben auch große Probleme damit, Dortmund ein Weiterkommen in der Champions League zu wünschen. Fast ein Ding der Unmöglichkeit. Sie müssen wissen: Der Rest der Fußballanhängerschaft drückt einem deutschen Team im internationalen Wettbewerb einfach immer die Daumen. Da dürfen sogar wir Moderatoren parteiisch werden. Es handelt sich schließlich um eine nationale Angelegenheit.

Doch unter echten Rivalen sieht das anders aus. Beim Champions-League-Finale 2010 kamen zwei italienische Fans des AC Milan nach München, um dort im Endspiel – das allerdings in Madrid stattfand – zwischen Inter Mailand, dem Stadtrivalen des AC Milan, und Bayern München den deutschen Verein zu unterstützen. Alles war besser, als Inter am Ende triumphieren sehen zu müssen.

Inter Mailand hat dann trotzdem gewonnen, und die beiden Rossoneri (die Schwarzroten – wegen der Vereinsfarben des AC Milan) Antonio und Cristiano spülten sich den Frust im Hofbräuhaus runter. Bei Antonio kam noch erschwerend hinzu, dass seine Frau Huguette glühende Interista, also Inter-Mailand-Anhängerin, ist. Es blieb ihm also nur eines: die Flucht ins Glas.

Die Beziehung zu einem Verein (siehe Kapitel »Tempodribbling«) kann nur wenig erschüttern. Der Abstieg spielt da ebenso wenig wie die Meisterschaft eine Rolle, der Zusammenhalt lässt sich nicht mit Missgunst oder Argwohn unterwandern. Ein Verein gibt ja auch keine Widerworte, er lässt sich anonym wüst beschimpfen oder bejubeln. Aber hintergehen würde ein Mann den eigenen Verein nie.

Das gestaltet sich in zwischenmenschlichen Beziehungen dummerweise anders. Bei bis zu 50 Prozent liegt die Seitensprungrate in deutschen Ehen. Das bedeutet: Jeder zweite Mann oder jede zweite Frau hat den Partner schon einmal hintergangen. Autsch.

Bei der Eheschließung schwören sich Mann und Frau ewige Treue, und bis dato habe ich noch keiner Hochzeit beigewohnt, bei der irgendeiner der beiden Willigen bei diesem Passus die Finger hinter dem Rücken gekreuzt hätte. Was passiert also danach? Warum ist es leichter, Werder Bremen treu zu bleiben, als der eigenen Ehefrau – oder respektive dem Ehemann?

Erwähnenswert übrigens an dieser Stelle die Tatsache, dass Frauen ziemlich aufgeholt haben und es keineswegs mehr nur die Männer sind, die sich außerehelichen Spielstätten widmen. Trotzdem gibt es natürlich kaum einer zu, wir bewegen uns also in einer – durchaus internationalen – Grauzone.

Ein Fußballfan gehört in der Regel in die Kategorie Romantiker. Ooops, werden Sie sagen, mir gegenüber benimmt er sich nach sieben Bier und mit gebrochener Stimme vom Dauergröhlen nicht gerade romantisch. Korrekt, allerdings ist der Fußball für viele Jungen so etwas wie die erste große Liebe. Und die betrügt man nicht, genauso wenig wie man die eigene

Mutter betrügen würde (wie auch immer das gehen soll). Charakterfrage.
Aber warum gibt es so viele Seitensprünge, wenn Treue an anderer Stelle so leicht ist?
Die Gründe dafür liegen eigentlich immer bei der jeweiligen Partnerschaft. Zu eingefahren, zu wenig Sex, zu viel Sicherheit, zu wenig Aufregung. Ein Partner hat beruflich viel am Hut, der andere vegetiert mit den Kindern vor sich hin, die Wippe, die früher in Balance war oder sich nur ein wenig neigte, ist irgendwann gekippt. Beide sind voneinander genervt, fühlen sich allein und unverstanden. Um einen Ausgleich zu schaffen zu der inneren Schieflage, sucht einer der Partner nun sein Heil im »Auswärtsspiel«. Also dem groben Foulspiel.
Ein Beispiel: Bei Andrea und Markus war sie immer die treibende Kraft. Eine Frau, die weiß, was sie will und zu der Markus gerne aufschaute. Beide arbeiteten in der gleichen Firma, in der sie sich auch kennengelernt hatten. Als ein neuer Chef kam, der Beziehungen am Arbeitsplatz nicht duldete, gab Andrea ihren Job auf. Eine kleine Pause, befand sie, würde ihr ohnehin guttun.
Doch das Gegenteil war der Fall, sie hockte nur noch zu Hause, begann plötzlich, Markus zu ihrem Lebensinhalt zu machen – der das weder wollte noch damit umgehen konnte. Plötzlich lernte er bei einem Fortbildungskurs Elena kennen. Ein wenig jünger, eine Frau mit vielen verrückten Flausen im Kopf. Ganz anders als Andrea, die auf alles eine Antwort wusste, die perfekt durchorganisiert und strukturiert war. Es entwickelte sich ein heftiger Flirt.
Als Andrea dahinterkam, geriet die Beziehung in eine tiefe Krise, zumal Markus beharrlich leugnete. Und Andrea brachte es auf die Palme, dass er auch weiterhin noch Kontakt zu Elena

hatte. Irgendwann warf sie vor lauter Wut sein iPhone aus dem Fenster. Kein Scherz. Aus dem dritten Stock.

Markus, der sich schuldig fühlte, auch wenn er mit Elena gar nichts Größeres angefangen hatte, stellte sich die Frage: zugeben oder nicht? Er entschied sich dagegen.

Der angesehene Paartherapeut Hans Jellouschek gibt in seinem Buch »Wie Partnerschaft gelingt – Spielregeln der Liebe« drei entscheidende Ratschläge: Ist die »Außenbeziehung« dem untreuen Partner wichtig, sollte er ehrlich dazu stehen. Doch nicht, um sich mit Ehrlichkeit Vergebung zu erpressen. Denn der ebenbürtige Partner ist weder in der Mutter- noch in der Vaterrolle. Und der untreue Partner muss deutlich machen, was genau ihm in der Partnerschaft fehlt, da nur so der treue Partner eine Chance hat, ihn sich zurückzuerobern.

Markus befand, dass sein kleines Abenteuer nicht der Rede wert war, aber Andrea spürte, dass an seinen Aussagen etwas nicht stimmte. So wurde sie nur noch mehr verletzt und beging ihrerseits ein »Revanchefoul«.

Im Fußball spricht man von einem Revanchefoul, wenn ein Spieler, der zuvor heftig gefoult wurde, an seinem Gegenspieler »Rache« übt. Der wohl bislang tragischste Fall eines solchen »Revanchefouls« war der Kopfstoß von Zinedine Zidane nach den bösen Beleidigungen durch Marco Materazzi im WM-Finale 2006, Frankreich gegen Italien.

Materazzi hatte den großen Zidane so lange verbal provoziert, bis der sich dazu hinreißen ließ, seinen Kopf in Materazzis Magengegend zu stoßen. Ein Revanchefoul mit Folgen: Zidane sah im letzten Spiel seiner Karriere Rot, und Italien wurde Weltmeister (was die noch schlimmere Folge war, zumindest aus deutscher Sicht).

Auch in Beziehungen lassen sich verletzte Partner immer wieder zu solchen »Revanchefouls« hinreißen. Andrea fühlte sich nach Markus' Eskapade sehr schlecht, unattraktiv und seelisch zutiefst verwundet. Plötzlich trat ein alter Freund wieder in ihr Leben, der sich für sie interessierte. Natürlich war sie in dieser Phase offen für Komplimente und ließ sich bereitwillig auf eine Vertiefung der »Freundschaft« ein. Davon bekam Markus wiederum Wind und leckte seinerseits seine Wunden.

Doch dann platzte der Knoten. Andrea und Markus wurde klar, dass sie ihre Beziehung retten wollten. Sie redeten die ganze Nacht, erstmals seit Monaten.

Das – wenn auch fraglich – »Gute« an einem »Revanchefoul« ist, dass beide Partner wieder »gleichauf« sind. Es steht gewissermaßen 1:1. Natürlich wäre es grob fahrlässig, an dieser Stelle zu glauben, dass damit in der Beziehung wieder alles in Butter sei.

Aber mit einigem Ehrgeiz und dem gemeinsamen Willen, an ihrer Liebe zu arbeiten, haben es Markus und Andrea geschafft. Sie sind übrigens glücklicher als vorher, weil sie auch in der Lage waren, die beiden »Seitensprünge« moralisch nicht überzubewerten.

Noch ein kleiner Tipp: Sollten Sie einen Therapeuten haben, gehen Sie mit Ihrem Partner hin, und lassen Sie sich gemeinsam beraten. Dann haben Sie die besten Chancen, aus so einer Krise gestärkt hervorzugehen. Man sollte, falls ER fremdgeht, auch noch einmal an seine Ehre appellieren. Sie sind ja wohl genauso wertvoll wie der FC Bayern oder Borussia Dortmund und sollten entsprechend behandelt werden, oder? Darüber sollte er einmal nachdenken. Ansonsten gibt es ja noch den Versuch einer Aussprache auf Augenhöhe – mit oder ohne »Revanchefoul« …

Gelbe Karte, Rote Karte: Was wirklich zum Platzverweis führt

Manchmal ist es mit Männern wie mit Einkaufszetteln. Wenn Sie jahrelang zum Metzger rennen und dort immer wieder Krapfen kaufen wollen, aber jedes Mal verwundert nach Hause kommen, weil es einfach keine Krapfen gibt, dann stimmt etwas nicht. Sie sind schlicht im falschen Laden! Verstehen Sie, was ich meine?

Ich möchte, dass Sie zum Bäcker gehen! Und da muss man dann manchmal einfach weg vom Metzger. Es würde ja auch kein Torhüter je auf die Idee kommen, sich für die Sturmzentrale zu bewerben.

Es gibt keine Beziehung, in der nicht hin und wieder der Gedanke an Trennung aufblitzen würde. Sie sind ja nicht aneinandergefesselt, sondern durchaus freiwillig zusammen. Und genauso gut, wie Sie sich verlieben, kann es passieren, dass Sie sich entlieben.

Im Fußball gab's übrigens schon so manche aufsehenerregende »Scheidung«, Schlammschlachten und Rosenkriege eingeschlossen.

Die skurrilste Entlassung musste wohl der ehemalige Nationalkeeper Toni Schumacher erfahren, der in der Halbzeit während eines Spiels von Fortuna Köln gefeuert wurde. Falko Götz erfuhr von seiner Entlassung beim TSV 1860 München durch Journalisten auf der Pressekonferenz. Zuvor hatte der Vize-Präsident schon ausgeplaudert, was im Präsidium zwar bereits beschlossene Sache, aber eben noch nicht dem Trainer kommuniziert war. Der Sportdirektor sagte dazu: »So etwas gibt es in keinem Karnickelverein, dass der Vizepräsident vor dem Präsidenten Stellung in der Öffentlichkeit nimmt.« Der

Vize trat zurück, seinen Job bekam Götz aber trotzdem nicht wieder.
Meistens halten sich die Beteiligten in der Öffentlichkeit einigermaßen zurück, aber als beispielsweise Markus Babbel bei Hertha BSC seinen Hut nehmen musste, ging dem Ganzen die sogenannte Lügen-Posse voraus, die in der Bundesliga auch ihresgleichen suchte. Manager und Trainer bezichtigten sich mehrfach in Live-Interviews der Falschaussage, bis sich schließlich auch noch der Präsident einmischte und den Coach in Anspielung an Münchhausen als »Baron« bezeichnete. Hoppla!
Weil es um viel Geld geht, um Abfindungen in Millionenhöhe oder um das Aussitzen von hervorragend dotierten Verträgen, bleiben viele Umstände nach außen hin ungeklärt. Ist es nun die Mannschaft, die nicht mehr hinter dem Trainer steht? Sind es die tabellarischen oder sportlichen Umstände?
Die Gründe, die im Fußball zu einer Trennung führen, sind vielfältig. Dass Nicolas Anelka nie wieder in der französischen Nationalmannschaft spielen wird, nachdem er seinen Coach bei der WM 2010 in der Kabine als »Hurensohn« beschimpft hat, kann niemanden verwundern.
Die wunderbare Parallele zum Thema Partnerschaft: Die Fußballstatistiker haben herausgefunden, dass im Durchschnitt der Effekt einer Trennung und der des Festhaltens am Coach trotz sportlicher Durststrecken der gleiche ist.
Sprich: Der neue Trainer kann etwas bringen – muss aber nicht. Es sind am Ende des Tages genauso viele Mannschaften mit einem neuem wie mit dem alten Trainer abgestiegen. Das hat doch etwas enorm Tröstliches, wenn Sie sich gerade mit Trennungsgedanken plagen!
Selbst in guten Beziehungen ist der Gedanke daran, seine Koffer zu packen, einen Zettel zu hinterlassen mit den Wor-

ten »Und tschüs!«, sowie die Sehnsucht nach einer radikalen Lebensänderung kein Tabu. Aber keine Bange: Sobald die dunklen Wolken am Liebeshimmel wieder verflogen sind, will das doch wirklich keiner mehr. So viel Sicherheit dürfen Sie sich gerne selbst geben.

Natürlich können über längere Zeit Situationen entstehen, in denen eine Trennung unvermeidlich erscheint. Wenn die Gedanken Sie quälen, Sie nachts stundenlang wach liegen und grübeln, wie es nur weitergehen soll, wenn das Wörtchen »Trennung« wie ein Damoklesschwert andauernd über Ihnen hängt, so belastet das nicht nur Ihre Beziehung, sondern schlichtweg auch Sie selbst. Ist er das noch, der Mann, in den Sie sich verliebt haben? Oder sind Sie noch die Frau, in die er sich damals verliebt hat?

Sie fühlen sich, als ob Sie beim Optiker die Brille mit der falschen Dioptrienzahl mitgenommen hätten, Ihr Blick ist leider komplett verstellt.

Jüngere oder auch ältere Verletzungen vernebeln Ihnen die Sinne, eine »Entscheidung« im klassischen Sinne ist überhaupt nicht möglich. Wenn es um die Liebe geht, wenn vielleicht sogar Kinder im Spiel sind, wenn das Paar eventuell ein gemeinsames Haus gekauft hat, dann hilft oft auch keine Pro-und-Kontra-Liste mehr.

Sie sitzen echt in der Klemme. Dauernd fragen Sie sich, ob und wie das noch weitergehen kann. Aber könnte es nicht sein, dass die Situation gar nicht so schlimm ist, wie Sie denken? Könnte es nicht sein, dass der Graben zwischen Ihnen und Ihrem Partner viel schmaler ist, als es Ihnen gerade erscheint?

Reden Sie nicht dauernd mit Ihren Eltern oder mit engen Freunden darüber. Die Gefahr ist zu groß, dass Sie nur das Negative aus Ihrer Beziehung berichten. Der Rat Ihrer »Mannschaft« wird also in der Regel sein: »Na, wenn das so ist, dann trenn dich lieber.« Die Leute wollen alle Ihr Bestes! Dann kommt noch der Spruch von dem berühmten Ende mit Schrecken, das besser zu ertragen sei als der Schrecken ohne Ende. Aua!

Karla und Paul sind seit acht Jahren verheiratet, haben einen kleinen Sohn. Beide verdienen gut und wohnen in einer hübschen Eigentumswohnung. Die Beziehung allerdings hat noch die Qualität der Begegnung von 1860 gegen Duisburg aus dem DFB-Pokal 2008 (einer der grausamsten Kicks aller Zeiten). Paul zieht sich immer mehr zurück, sie haben kaum noch gemeinsame Interessen, sie kann mit ihm nicht offen sprechen und fühlt sich so langsam emotional verkrüppelt.

Bei einer Dienstreise lernt sie einen jüngeren Mann kennen, schon gleich beim ersten Treffen reden sie die ganze Nacht durch, Karla fühlt sich endlich wieder lebendig, als ob sie nach jahrelangem Straucheln durch die Wüste endlich eine Wasserstelle gefunden hätte. Oder zumindest eine Art emotionale Aufladestation. Mit dem Gefühl, endlich wieder Frau zu sein, fährt sie nach Hause. Doch je mehr sie über die mögliche Trennung von Paul nachdenkt, desto klarer wird ihr, welcher Rattenschwanz da folgen würde. Sie würde nicht nur Paul und ihr Heim verlieren, sondern einen gemeinsamen Freundeskreis, sie würde in finanzielle Schwierigkeiten geraten, und schließlich könnte ihr ja auch niemand garantieren, dass es mit einem anderen Partner besser laufen würde.

Und was würde aus ihrem Sohn? Sollte der ohne oder mit einem anderen Vater aufwachsen? Es sind Tausende von Fragezeichen in ihrem Kopf, mit denen sie überhaupt nicht fertigwird. Wie schreibt Eckhard Tolle: »Mit der Zukunft kannst du nicht fertigwerden.«

Immer wieder dreht sich die Spirale im Hirn, die zentralen Fragen weichen nicht mehr aus dem Kopf: Wird nach einer

Trennung wirklich alles besser? Komme ich alleine zurecht? Wie soll ich alles finanzieren? Habe ich noch genügend Chancen, wieder einen Partner zu finden? Wird es mir danach bessergehen? Habe ich alles zu Ende gedacht? Komme ich wirklich zu einem Entschluss, und ist der auch der richtige? Sind wir erst bei der Gelben Karte (Verwarnung!) oder bei Gelb-Rot (Platzverweis), oder bekommt der Partner sogar die glatt Rote Karte?

Dann muss er sich aber wirklich eine fiese Tätlichkeit geleistet haben. Darunter fallen Seitensprünge und noch mieseres Verhalten, das nicht wirklich tolerierbar ist.

Wenn nur noch Unsicherheit und Verwirrung herrschen, hilft besser ein Notprogramm als ein Eigentor wie ein Seitensprung: Gönnen Sie sich die Freiheit, trotz aller Unkenrufe von außen, mindestens einen Monat KEINE Entscheidung zu treffen. Tun Sie einfach gar nichts. Lassen Sie die Gedanken ruhen, konzentrieren Sie sich auf sich selbst. Tun Sie sich etwas Gutes, seien Sie sich selbst eine gute Mutter, wie meine Freundin Katja gerne sagt. Und versuchen Sie einfach, sich so gut, wie es eben geht, zu entspannen. Sie brauchen Ruhe für Ihre gepeinigte Seele.

Viele Paartherapeuten raten dazu, sich einige Fragen zur Qualität der Beziehung zu stellen. Wie sieht es mit der Planungssicherheit aus? Gibt Ihr Partner Ihnen das Gefühl, dass er gemeinsam mit Ihnen sein Leben plant und Sie mit in seine wichtigen Schritte einbezieht? Sind Sie ein Teil seiner Planungen?

Wenn Sie das mit »ja« beantworten können, gibt es sicherlich noch genügend Gründe, die Beziehung aufrechtzuerhalten. So wird auch ein Trainer, mit dem über zukünftige Weichenstellungen gesprochen wurde, zu recht erstaunt sein über eine plötzliche Entlassung. Wenn ER oder natürlich SIE allerdings finale Gedanken über einen Umzug oder einen Jobwechsel, gepaart mit einem Standortwechsel, hegen, ohne dass Sie in diesen Planungen eine Rolle spielen, ist Ihre Beziehung definitiv nicht besonders gesund, oder anders ausgedrückt: Da fühlt sich jemand aufgehalten, und wer bitte schön möchte schon der Klotz am Bein sein? Sie sicherlich nicht, Sie sind nämlich fabelhaft. Aber das erwähnte ich ja bereits.

Wie sieht es mit seiner Loyalität aus? Denn so wie er zu seinem Lieblingsverein steht, in den schlimmsten Krisenzeiten, selbst wenn der Abstieg unvermeidbar ist, so sollte er sich auch Ihnen gegenüber verhalten. Intern darf er ja gerne Kritik üben (und Sie glauben nicht, wie sich Fans untereinander über »ihre Spieler« aufregen!), aber nach außen muss er Sie verteidigen wie ein Löwe. Es gilt: Sie beide gegen den Rest der Welt.

Am Ende müssen Sie beide schließlich die kleinste Zelle Ihrer Welt bilden. Diese romantische Vorstellung gehört für mich zu den wichtigsten Fundamenten einer Beziehung. Sie soll der Ort sein, an dem Sie sich sicher und stark fühlen können, wo man zu Ihnen steht und Sie sich mit Ihrem Partner als Einheit fest verbunden fühlen. Erst kommt Ihre Partnerschaft, die muss die Nummer eins sein, und dann erst folgen Beruf, Familie, Freunde, Verein, Hobbys etc.

Die Zweisamkeit, das ist der Zellkern Ihrer Beziehung. Das sollte beiden Partnern klar sein. Probleme entstehen eben genau dann, wenn einer sich davon entfernt, plötzlich Kumpels vorzieht und eventuell sogar Schlimmeres im Raum steht, und zwar in Ihrem Raum, Ihrer Zelle.

Illoyales Verhalten wie Fremdgehen, die Bedürfnisse anderer mehr achten als die Ihren, den Ex-Partner besser behandeln als Sie, die Aktivitäten mit Freunden immer wieder an erste Stelle setzen, sich auch verbal wiederholt über Sie hinwegsetzen,

Ihre Gefühle dauerhaft missachten – das sind Dinge, die über kurz oder lang zum Beziehungsplatzverweis führen. Gelb-Rot, würde ich als Ihr Beziehungsschiedsrichter sagen.
Können Sie sich frei äußern in Ihren möglicherweise gemeinsamen vier Wänden, können Sie so sein, wie Sie wollen und wie Sie sind, und werden Sie darin von Ihrem Partner unterstützt? Achtet er Ihre Persönlichkeit und respektiert er Ihre kleineren und größeren Macken?
Oder meldet er Sie ungefragt bei einem Kochkurs an mit dem Hinweis, Sie könnten da ja noch etwas Nachhilfe gebrauchen? Oder gar fürs Fitness-Studio mit einem gezielten bösen Blick auf Ihren Hintern?
Wenn dem so ist, schenken Sie ihm direkt ein Abo für die Weight Watchers, ich bin sicher, sein Bauchumfang ist in den letzten Jahren nicht geringer geworden. Oder wie der durchaus übergewichtige Ex-Fußballmanager Rainer Calmund sagt: »Ich kann essen, so viel ich will, ich werde einfach nicht größer …«
Doch es gibt noch weitere Fragen, die Ihnen Aufschluss geben können über die Qualität Ihrer Beziehung. Kümmert er sich um die Familie? Interessieren ihn andere Menschen? Kann er den Erfolg anderer ertragen? Ehrlichkeit, Treue, loyales Verhalten und eine gewisse Gradlinigkeit im Tun zeichnen einen Menschen aus. Charakterstärke sowie die Fähigkeit, sich zu öffnen und auch der Welt gegenüber neugierig zu bleiben, sind schlichtweg ehrbare Vorzüge, die Sie nicht unbeachtet lassen sollten. Vielleicht sprüht Ihr Mann nicht vor Charme, aber dafür lässt er Sie bei kleineren neurotischen Anwandlungen einfach gewähren?
Hat er Humor? Denn ohne Humor wäre das Leben überhaupt nicht lebenswert. Humor nennen viele Frauen als die wichtigste Eigenschaft bei einem Mann. Ein Lachen regelt ja

auch wirklich vieles. Kluge Männer reagieren auf kleinere Spitzen Ihrer Frauen mit dem nötigen – Humor.
Ich habe einmal von einer Freundin eine rosafarbene Jogginghose geschenkt bekommen mit dem freundlichen Hinweis, dass wir ja beide »etwas Probleme mit unseren Hintern« hätten. Autsch, das saß. Glücklicherweise war mir die Hose zu groß, so dass ich die Hoffnung hegte, das mit meinem Hintern sei noch nicht gar so schlimm. Mein damaliger Freund merkte aber, wie sehr ich mich ärgerte, und nahm die rosafarbene Hose (auf der noch Blüten prangten) an sich. Immer, wenn ich besonders gestresst war oder Streit drohte, ging er ins Schlafzimmer und zog sich dieses rosafarbene Ungetüm an. Sie passte zwar nicht perfekt, sah aber urkomisch an ihm aus, so dass ich immer sofort fürchterlich lachen musste. Es wurde das perfekte Anti-Stress-Ritual. So konnte er mich immer zum Lachen bringen, und der Ärger war ratzfatz verflogen. Da konnte ich noch so eine miese Laune haben – mit der rosa Hose war das Leben wieder gut. Es bedarf natürlich einer gewissen Einfühlsamkeit, sich die Hose im richtigen Moment anzuziehen – aber das muss ich Ihnen nicht eigens erklären.
Oft wollen Frauen ihre Männer einfach umerziehen, aber diese weitergereichten Mutter-Sohn-Machtspielchen tragen zur Liebe nichts Positives bei. Können Sie noch Achtung vor Ihrem Partner haben? Wenn er oder sie ständig betrunken nach Hause kommt, sich weder für den Job noch für andere engagiert, wenn ihm Computerspiele oder das Surfen im Internet wichtiger sind als Sie, wird die Sache mit dem Respekt irgendwann schwierig. Zumindest wirft das kein gutes Licht auf diesen Menschen und auch nicht auf die Partnerschaft. Ich finde es wichtig, dass man den Charakter eines Menschen auch über sein Tun erkennt, nicht nur über sein Reden.
Und trotzdem ist Trennung nicht immer die beste Lösung,

egal, wie ausweglos die Situation erscheinen mag. Denn es gibt immer noch Hilfe! Ja! Sie existiert!

Sie finden garantiert auch in Ihrer Nähe einen geeigneten Paartherapeuten, der in einem sicheren Rahmen Ihrer Beziehung weiterhelfen kann. Dann haben Sie einen Ort, an dem Sie beide sich aussprechen können, der Ihnen beiden Halt gibt. Sie finden die Adressen im Internet, suchen Sie Psychotherapeuten mit einer gesonderten Ausbildung für Paartherapie. Wer Hilfe sucht, sollte darauf achten, dass der Therapeut / Berater eine abgeschlossene Hochschul- oder Fachhochschulausbildung als Psychologe, Arzt, Pädagoge, Sozialarbeiter oder Theologe vorweisen kann und als Psychotherapeut ausgebildet ist. Paare finden außerdem Hilfe bei Ehe-, Familien- und Lebensberatungsstellen, die oftmals von der Kirche getragen werden, aber dennoch unabhängig beraten (www.katholische-eheberatung.de, www.bke.de). Auch Pro Familia bietet Paarberatungen an (www.profa.de).

Kleiner Hinweis: Eine langwierige Behandlung über Jahre hinweg ist bei einer Paartherapie nicht notwendig, aber vielleicht ist es der erste Schritt wieder hin zu einer erfüllten Partnerschaft. Und machen Sie sich klar: Auch die besten Vereine ziehen immer wieder Mediatoren als Streitschlichter zu Rate, sie engagieren im Notfall Coaches und andere Berater sowie Therapeuten. Das hängen die nicht an die große Glocke, aber es muss ja auch weiter niemand von Ihrer Paartherapie erfahren, wenn Sie es nicht möchten.

Burn-out: Körperliche Folgen abseits des Platzes

Wenn Sie einen offenen Bruch am Oberschenkel haben, gehen Sie sicherlich zum Doktor. Wenn Ihre Seele leidet, dann meinen Sie aber, Sie müssten das im stillen Kämmerlein mit sich selbst ausmachen? Sie müssten die gedankliche Quälerei, den Hang zur Selbstgeißelung bis zur irrsinnigen Hirnwichserei ganz alleine bewältigen? Hallo! Sie sind gerade auf dem Weg zum nächsten Eigentor!

Achten Sie auf sich! Auch partnerschaftliche Krisen können Sie leicht bis an den Rand der Depression treiben. Langfristiger emotionaler Stress führt in einigen Fällen auch zum sogenannten Erschöpfungssyndrom, weswegen der angesehene Fußballtrainer Ralf Rangnick zuletzt beim FC Schalke 04 zurückgetreten ist. Sicher waren es bei ihm andere Gründe, doch der toxische Cocktail zu vieler mentaler Baustellen, gepaart mit klassischem Stress, bildet den besten und zuverlässigsten Nährboden für den »Burn-out«.

Im Fußball sind psychische Probleme mittlerweile keine Seltenheit mehr. Mein Arzt des Vertrauens ist Mannschaftsarzt beim TSV 1860 München, und der kennt sich nicht nur mit Kreuzbandrissen aus, da können Sie sicher sein.

Nur in den seltensten Fällen, wie bei dem früheren Supertalent Sebastian Deisler oder beim verstorbenen Ex-Nationaltorwart Robert Enke, der sich nach langjährigen Depressionen im November 2009 das Leben nahm, treten die Folgen des mentalen Drucks im Leistungssport offen zutage. Auch der Schiedsrichter Babak Rafati machte 2011 Schlagzeilen, weil er sich kurz vor einem Spiel, das er pfeifen sollte, in einem Kölner Hotel die Pulsadern aufschnitt. Rafati überlebte.

In der Biographie von Robert Enke, die sein Freund Ronald Reng verfasst hat, heißt es: Viele haben seinen Tod falsch verstanden. Er habe sich umgebracht, weil er sein Leben nicht mehr aushielt. »Wenn du nur einmal eine halbe Stunde meinen Kopf hättest, dann würdest du verstehen, warum ich wahnsinnig werde«, sagte er einmal zu (seiner Frau) Teresa.

Im Fall Robert Enke blieben viele Fragen offen. Depressionen zeigen sich in unendlich vielen Facetten, und eine davon ist das mittlerweile weitverbreitete Erschöpfungssyndrom. Bei dieser Erkrankung hat der Körper verlernt, sich zu regenerieren. Bernd Sprenger, Chefarzt der Oberbergklinik in Brandenburg, sagte in einem Interview mit der *Wirtschafts-Woche:* »Alle Schichten und Branchen sind betroffen. Man erkennt das Ausbrennen häufig erst, wenn es bereits zu spät ist. Umso wichtiger ist es, auf Warnsignale des Körpers zu hören und rechtzeitig gegenzusteuern.«

Sie haben einen anstrengenden Job, müssen sich parallel noch um die Kinder kümmern, und in Ihrer Partnerschaft läuft es auch nicht richtig? Damit sind Sie nicht allein. Wir Deutschen sind gestresst wie nie zuvor. Jeder zweite Arbeitnehmer kann laut einer Umfrage der BKK nicht mehr richtig schlafen, mehr als jeder zehnte leidet Nacht für Nacht an Schlafproblemen.

Als häufigsten Grund geben die Befragten allgemeinen Stress an, knapp gefolgt von beruflicher Überforderung, dem Nichtabschaltenkönnen von der Arbeit sowie privaten Sorgen und familiären Problemen. Jedem Siebten (14 Prozent) macht vor allem die ständige Erreichbarkeit für berufliche Belange zu schaffen. Aber auch privater Schlamassel laugt aus.

Im Fußball achten die Trainer sehr wohl darauf, dass die Jungs genügend Auszeiten bekommen, dass das Training abwechslungsreich gestaltet wird, und ein guter Coach erkennt Anzei-

chen von seelischen Problemen recht schnell. Denn nur, wer auch im Kopf topfit ist, wird langfristig gute Leistungen bringen!
Also passen Sie gut auf sich auf! Es bringt doch niemandem etwas, wenn Sie so lange perfekt funktionieren, bis Sie schließlich mehrere Monate gar nichts mehr machen können.
Erste Anzeichen des Burn-outs sind: pausenloses Arbeiten, Engagement bis zur Selbstaufopferung, keine Achtsamkeit mehr für die eigenen Bedürfnisse, immer weniger soziale Kontakte sowie Schlafstörungen und Angstzustände.
Die Spirale dreht sich. Sie spüren, wie Sie physisch und psychisch abbauen. Die Arbeit bereitet keine Freude mehr, eigentlich bereitet überhaupt nichts mehr Freude. Das stundenlange Grübeln bereitet Ihnen bereits physische Schmerzen, aber die Konzentration fällt zunehmend schwerer. Sie können kaum noch einer Sache nachgehen, ohne die nächste im Nacken zu spüren.
Lange kann das nicht gutgehen. Ihnen unterlaufen viele Fehler, die Sie aber gar nicht mehr wirklich wahrnehmen. Die graue Suppe in Ihrem Kopf lässt gar nicht mehr viel durchdringen. Sie stochern im seelischen Nebel. Ihre Kreativität, Ihr Spaß und Ihre Kraft sind auf dem Nullpunkt angelangt. Nichts geht mehr.
Sebastian Deisler, einst wohl der talentierteste Mittelfeldspieler nach Günter Netzer, hat 2007 im Alter von nur 27 Jahren infolge von unfassbarem Verletzungspech und Depressionen seinen Rücktritt bekanntgegeben – entnervt und entkräftet. Er konnte nie wieder auf die Fußballbühne zurückkehren.
Deshalb sollten Sie auch einen schmerzvollen Schnitt machen. Nur Umdenken hilft nicht, es geht ums »Umhandeln«. Hören Sie auf sich und Ihren Körper! Setzen Sie neue Prioritäten in Beruf und im Privatleben. Lassen Sie nicht zu, dass Sie auf

Dauer richtig krank werden und schließlich Monate brauchen, um sich zu erholen. Achten Sie auf alle Warnzeichen!
Das Ausbrennen ist schließlich nicht nur die Folge von Stress, sondern vor allem von unbewältigtem Stress (hier kommen wieder Ihre quälenden Gedanken hinzu!).
Weil der Körper regelrecht verlernt zu entspannen, müssen Sie sich das wieder beibringen. Etwa durch Entspannungsübungen wie autogenes Training oder progressive Muskelrelaxation. Es geht Ihnen wie einem Fußballverein im unteren Tabellenmittelfeld. Sie stecken im Abstiegskampf, aber Sie haben noch alle Chancen, die Klasse zu halten!
Was ebenfalls hilft: Loben Sie sich! Wie der Stanford-Psychologe Albert Bandura nachwies, wirkt sich (Selbst-)Wertschätzung enorm positiv aus: Gelobte Menschen sind motivierter und verbessern nachweislich Ihre Stressresistenz. Falls Sie das alleine nicht schaffen, holen Sie sich bitte Hilfe bei einem Therapeuten.
Sogar Bundestrainer Joachim Löw gibt zu, nach großen Turnieren wie einer Welt- oder Europameisterschaft regelmäßig in ein tiefes Loch zu fallen. Ich habe nach der Weltmeisterschaft 2006 deutsche Nationalspieler getroffen, die gemeinsam in Urlaub gefahren sind, weil sie alleine in ihrem gewohnten Zuhause nicht mehr zurechtgekommen wären. Auf das »Sommermärchen« folgte erst einmal die Herbstdepression. Warum haben so viele Leistungsträger der WM in der Hinrunde der Bundesligasaison 2006/2007 größte Probleme gehabt? Nicht etwa, weil die WM körperlich so viel Substanz gekostet hätte. Sondern weil sie ihre Zeit für die seelische Aufarbeitung brauchten.
Wenn Sie das Gefühl haben, dass Ihnen das Leben über den Kopf wächst und Kleinigkeiten Sie überfordern, wenn Sie nur noch Halt an Ihrem Partner suchen wie ein Ertrinkender

beim Untergang der Titanic, wenn Sie andauernd reizbar sind und vielleicht sogar Selbstmordgedanken hegen, dann müssen Sie wissen, dass viele Menschen Ihnen helfen wollen und können!

Scheuen Sie nicht den Gang zum Psychologen oder zum Psychiater. Auch die Medizin kann mit Antidepressiva Abhilfe schaffen. Diese Medikamente müssen Ihnen keine Angst machen, sie schaffen keine Abhängigkeit, aber sie können helfen, die Botenstoffe im Hirn wieder auf Trab zu bringen.

Wichtig ist, dass Sie unterscheiden, wo Ihre partnerschaftlichen Probleme aufhören und Ihre gesundheitlichen anfangen. Die Übergänge gestalten sich fließend, aber wenn Sie in sich hineinhören, spüren Sie vielleicht, dass Ihr Partner gar nicht die Ursache des Übels ist. Vielleicht liegt die ganz woanders. Auch da hilft eine Therapie, um grundsätzliche Trigger aus der Kindheit aufzuarbeiten und zu erkennen, wo das eigentliche Motiv für Ihre Missstimmungen liegt.

Wenn Sie darüber nachdenken, sich Hilfe zu suchen, dann erkundigen Sie sich bei Freundinnen, ob die schon gute Erfahrungen mit einem Therapeuten oder einer Therapeutin gemacht haben. Empfehlungen helfen und verringern die Hemmschwelle. Sollten Sie niemanden finden, suchen Sie einfach im Internet (zum Beispiel www.therapie.de). Um den richtigen Therapeuten zu finden, ist auf jeden Fall ein Vorgespräch zum persönlichen Kennenlernen notwendig. Die meisten Therapeuten bieten auch einige Probesitzungen an.

Wenn Sie sich für eine Therapie entscheiden, ist es sicher wertvoll für Sie zu wissen, dass die Krankenkassen dann die gesamten Behandlungskosten übernehmen, wenn es sich um eine psychische Störung mit »Krankheitswert« handelt. Dazu gehören unter anderem: Angststörungen, Depressionen, Essstörungen, Persönlichkeitsstörungen, psychosomatische Störungen, Süchte, Verhaltensstörungen und Zwangsstörungen. Leistungen wie Erziehungs-, Ehe- oder Lebensberatung werden von den Krankenkassen nicht übernommen. Da die Grenzen hier oft unklar sind und häufig eines das andere bedingt (z. B. Schwierigkeiten in der Ehe, die zur Depressivität eines Partners führen), empfiehlt sich generell die Prüfung, ob eine psychische Störung vorliegt (Quelle: www.therapie.de).

Traumtore: Bleiben Sie in der Realität

Es gibt im Grunde genommen drei Wege, sich aus der Verantwortung für sein Leben zu stehlen.

Nummer 1: Sie bringen sich um.
Nummer 2: Sie bringen jemanden anderen um, dann landen Sie im Knast, und irgendjemand muss sich lebenslänglich um Sie kümmern.
Nummer 3: Sie werden verrückt und landen in der geschlossenen Psychatrie, wo sich dann wieder jemand um Sie kümmern muss.

Oft fällt es gerade uns Frauen schwer, wirklich Verantwortung für unser Leben und unsere Gefühle zu übernehmen. Doch gerade da liegt der Schlüssel zu unserem eigenen Glück. Ihre Verhaltensmuster haben sich über die Jahre wie eine vierspurige Autobahn in Ihr Gehirn eingebrannt. Wie eine eingeschworene Fußballmannschaft, bei der die Laufwege seit Jahren funktionieren und die Pässe blind beim Mitspieler ankommen. Und dann kommt ein neuer Trainer. Jetzt sollen die Spieler lernen, eine komplett neue Taktik zu berücksichtigen. Natürlich ist das nicht leicht, aber es ist nachhaltig möglich!
Der Kölner Spieler Christian Clemens hat eines der tollsten Tore der Saison 2011/2012 erzielt. Er verwandelte eine Ecke direkt, als wäre es das Leichteste auf der Welt. So ein Kunststück gelingt vielleicht einmal in der gesamten Saison, manchmal auch noch seltener. Traumtor!
Bei der FIFA, dem internationalen Fußballverband, gibt es für solche Traumtore sogar einen eigenen Preis, benannt nach dem großartigen ungarischen Spieler Ferenc Puskás, der 1953

einen historischen Treffer gegen England landete. Puskás sagte damals: »Tore zu schießen ist immer ein gutes Gefühl, aber so ein schönes zu schießen, das ist wirklich wie ein Rausch. Man weiß, dass die Leute jahrelang auf einen zukommen werden und darüber reden wollen.«

Auf Tore dieser Dimension können Stürmer nur hoffen. Sie trainieren, um ihren Job gut zu machen, und wenn Ihnen monatelang kein Treffer gelingt, sie eine sogenannte Durststrecke erleiden, dann prügeln die Medien öffentlich auf sie ein. Die Realität liegt meist irgendwo in der Mitte.

Doch niemand kann einem Stürmer die Verantwortung abnehmen für sich, die eigene Fitness – und für das Nutzen von Chancen. Nur wer diesen Torriecher hat, kann Chancen verwandeln. Das kann man üben, aber im richtigen Moment auch richtig zu reagieren ist eine andere Sache.

Bei zu viel Stress sollten aber auch Sie überlegen, wo Sie vielleicht Bälle liegenlassen … Eigenverantwortung bedeutet nicht, dass Sie nun alles alleine machen sollen. Das funktioniert weder im Fußball noch im normalen Leben. Es geht darum, sich aus möglichen Elfenbeintürmen zu verabschieden, sich aus der Isolation zu wagen – aus der Deckung, würde man dem Fußballer raten – und, auch wenn es schwerfällt, das Rapunzelhaar wieder hochzuziehen. Machen Sie ganz einfach IHR Ding.

Sogenannte Mentaltrainer haben sich schon verrückte Dinge einfallen lassen, damit Menschen ihre Ängste ablegen oder ihr Verhalten nachhaltig ändern. Ein besonders renommierter Coach lässt seine Klienten mit einer Quietscheente an der Leine durch die Fußgängerzone laufen. Damit sollen sie lernen, sich auf sich selbst zu konzentrieren und die anderen nicht mehr so wichtig zu nehmen.

Wie oft lassen wir uns von dem Gedanken leiten, was denn

um Himmels willen die »anderen« (wer ist das eigentlich?) denken könnten. Und vermutlich kommen diese Ängste aus der Kindheit, als Muttern die Nachbarn und deren beängstigende Gedanken in ihre Erziehung mit einbezog. Aber stopp! Sie sind nur sich selbst gegenüber verantwortlich.
Was sind die Dinge, die Sie eigentlich in Ihrem Leben nicht mögen? Was trauen Sie sich nicht zu verändern? Fangen Sie doch einmal im Kleinen an. Sie haben vielleicht einen Kollegen, der Sie nicht richtig respektiert und von dem Sie sich manchmal oder auch öfter blöde Bemerkungen gefallen lassen. Sie denken, Sie müssen das? Das nächste Mal sagen Sie vor Zeugen ruhig und gelassen mit einem Lächeln: »Kann ich Ihnen in irgendeiner Weise weiterhelfen?« Er wird Sie nicht mehr belästigen.
Sie fühlen sich ungerecht behandelt oder sind mit der Arbeit eines anderen Kollegen unzufrieden, der eigene Fehler auch noch auf Sie abwälzt? Sprechen Sie es an! Nicht hysterisch oder ärgerlich, sondern bestimmt. Sie sind Ihr Anwalt, sonst niemand. Wenn Sie nicht auf sich aufpassen und gut für sich sorgen, tut es keiner.
Selbstverantwortung bedeutet, auf die eigene Mitte zu achten und den Fokus wegzunehmen von weniger wichtigen Dingen. Und die gibt es im Grunde genommen gar nicht. Sie sind der Maßstab. Der Vorteil für Ihre Partnerschaft besteht darin, dass Sie wieder mehr Energie für sich selbst haben, und das wird auch Ihrer Partnerschaft guttun.
Wenn Sie so regelrecht trainieren, für sich einzustehen, werden Sie bald merken, wie sehr Ihnen das bekommt. Wenn wir unserer Vergangenheit oder den Umständen die Schuld für unsere eigene Situation geben, dann machen wir uns zum Opfer und werden zu einer Marionette in unserem eigenen Lebensspiel. Ja, wir werden gleichsam zum Spielball. Tauschen Sie die Rol-

le, werden Sie Spieler oder besser gleich der Spielführer in Ihrem Leben!.

Vor vielen Jahren hat man einmal eine Untersuchung an eineiigen Zwillingen gemacht. Der Vater des Zwillingspaares war Alkoholiker. Zwanzig Jahre später suchte man die beiden Zwillinge wieder auf. Während der eine wie sein Vater ein Alkoholiker geworden war, hatte es der andere zu einer angesehenen Position in einer großen Firma gebracht.

Man stellte beiden ein und dieselbe Frage: Wie erklären Sie sich, dass Sie zu dem geworden sind, was Sie heute sind? Beide gaben darauf die gleiche Antwort: Was kann man anderes erwarten bei einem Vater wie dem meinen?

Während der eine also seinen Vater als Entschuldigung für sein Versagen heranzog, war für den anderen der Vater ein Ansporn, etwas aus sich und seinem Leben zu machen. Während der eine den schlechten Karten die Schuld für sein Versagen gab, sie als Entschuldigung für sein schlechtes Spiel anführte, nahm der Bruder dieselben schlechten Karten und machte das Beste daraus.

Sie sehen, worauf ich hinauswill. Wir tragen nun einmal Verantwortung für uns und unser Leben. Die Opferrolle mag bequem sein, aber sie macht auf lange Sicht furchtbar unglücklich. Wie schätzen Sie denn Menschen ein, die immer die Schuld bei den anderen suchen oder die Umstände für ihr Schicksal verantwortlich machen?

Sehen Sie? Auch ich persönlich kann nichts Gutes daran finden. Probieren Sie es einmal aus, Ihr eigener Spielführer zu sein: Sie werden feststellen, wie weit Ihre Füße Sie tragen können und welche tollen Dinge Sie vollbringen können, wenn Sie es wagen, einen ersten Schritt zu machen, den Schritt zu einem selbstbestimmten Leben. Sie können das! Vielleicht allein, vielleicht mit Hilfe eines Trainers, sei er Therapeut oder sei es einfach nur eine beste, ehrliche Freundin. Es mag einige Zeit dauern, bis Sie Ihre Verhaltensmuster verändern können, aber besinnen Sie sich immer wieder darauf: Sie halten Ihr Schicksal in den Händen. Sie werden von Ihrem Leben nicht in Ketten gehalten, es sei denn, Sie sitzen im Knast oder eben in der Klapsmühle.

Wenn ich mich auf mein eigenes Ich besinne, kommt es mir oft vor, als würde sich ein Vorhang heben und ich könnte einen Schritt in gleißendes Sonnenlicht tun. Es fühlt sich an, als ob man aus dem Spielertunnel vor einem wichtigen Spiel endlich auf den Platz tritt. Die Zuschauer jubeln, das Flutlicht blendet, die Vorfreude lässt mein Herz höher schlagen. Meine Energie kehrt zurück, die lange verschollen schien, ein Gefühl der Freiheit und des Glücks stellt sich ein, und ich komme mir vor, als beginne für mich ein neues Leben. Immer wieder, Schritt für Schritt.

Keine Schwalben: Wer ist hier der Sündenbock?

Als »Schwalbe« wird im Fußball der jämmerlichen Versuch eines Spielers bezeichnet, durch – meist theatralisches – Hinfallen einen Elfmeter zu schinden. Durchaus mit oscarreifen Aktionen lassen sich die Stürmer im Strafraum fallen, markieren heftigen Kontakt mit dem Gegenspieler und gestikulieren wie wild um sich. »Hey, Schiri, das war doch Elfmeter! Hast du das nicht gesehen?« Und der gegnerische Abwehrspieler soll zum Sündenbock gemacht werden, um das Schicksal der eigenen Mannschaft vielleicht doch noch zum Guten zu wenden mit einem ersehnten Treffer, wenn es sein muss eben durch einen Elfmeter.

Eine erfahrene Schiedsrichterin wandte sich in so einem Fall einmal zu dem Übeltäter um, der am Boden verzweifelt das Gesicht verzog, und sagte für alle im Strafraum unüberhörbar: »Höre ich etwa ein leises ›Mutti, Mutti‹?« Der wahre Übeltäter war entlarvt, seine Bemühungen, die Schuld einem anderen in die Schuhe zu schieben, waren gnadenlos gescheitert.

Auch dieses Szenario vom Fußballplatz lässt sich gut auf Beziehungen übertragen. Denn einer ist immer der Sündenbock. Nehmen Sie Carla und Johannes, seit drei Jahren verheiratet, er ein glühender Fan des TSV 1860 München, sie eine leidenschaftliche Ordnungsfanatikerin. Sein Faible für alte Wimpel und Pokale, die er überall in der gemeinsamen Wohnung dekorativ verteilt hatte, störte sie anfangs nur wenig, doch mittlerweile ist Carla von Johannes Sammelleidenschaft ungefähr so genervt wie von ihrer Steuererklärung. Sie hat es einfach satt, Hunderte von Staubfängern rumstehen zu sehen.

Das Problem: Einem Sammler die Sammelleidenschaft nehmen zu wollen ist in etwa so aussichtsreich wie ein weiteres Lifting bei Joan Collins. Es nützt einfach nichts. Oder wie mein früherer, bereits verstorbener Englischlehrer auf Pfälzisch zu sagen pflegte: »Des is, wie wemma em Ochs ins Horn petzt.« (Übersetzt: Das ist, als ob man einem Ochsen in die Hörner kneift.) Fazit: Der merkt gar nichts.

Von daher gibt es nur zwei Möglichkeiten: Ändern Sie, wenn Sie sich ärgern, Ihre eigene Einstellung – oder Ihre Umgebung. Alles andere gibt Falten und macht alt, und das wollen wir doch nicht. Sie kennen die putzige Geschichte von Eckhard von Hirschhausen mit dem Pinguin, der sich immer an Land aufhielt, bis er merkte, dass Wasser das wahre Element für ihn ist? Nein? Die Moral von der Geschichte ist jedenfalls: Manchmal sind es nicht Sie, die sich ändern müssen, sondern Sie leben einfach im falschen Element.

Sollten Sie sich aber dafür entscheiden, die eigene Einstellung zu ändern, dann geben Sie sich und Ihrem Partner ein wenig Zeit. Johannes und Carla machen sich wegen der Unordnung (SIE) und der bezeugten Spießigkeit (ER) immer wieder gegenseitig Vorwürfe. Sie trauen sich aber beide partout nicht, kurz unter ihren mentalen Teppich zu schauen und zu realisieren, was sie da so über die Jahre druntergekehrt haben.

Psychologen haben herausgefunden, dass wir unglaubliche Angst davor haben, in diesen Abgrund in unserem Leben zu schauen, in den wir werfen, was wir am meisten ablehnen. Und so machen wir lieber anderen Vorwürfe. Macht weniger Angst, ist aber genauso dämlich.

Ist Ihnen schon einmal aufgefallen, dass Fußballfans die Stärken oder Schwächen der gegnerischen Mannschaft meist treffender einschätzen können als die eigenen? Manchmal fehlt da der Durchblick durch die Fanbrille. So geht es jedem von

uns, die eigenen Fehler übersehen wir bekanntlich gerne großzügig.
Regt sich Carla vielleicht deshalb so auf, damit sie keine Zeit und Energie mehr hat, sich mit sich und ihren eigenen Fehlern zu beschäftigen? Die Konzentration auf das Thema Ordnung lässt sie im Lichte der Gerechten erstrahlen, während Johannes ganz automatisch zum Schuldigen wird. Er ist der Sündenbock, dabei könnte sich Carla genauso gut fragen, warum sie sich so furchtbar an ein paar Wimpeln und Pokalen stört. Es gibt schließlich einen Haufen größerer Probleme im Leben. Warum fürchtet sie die Unordnung?
Johannes und Carla führen einen Stellvertreterkrieg, der vermutlich tiefer liegende Ursachen hat. Vielleicht war ihre Mutter besonders unordentlich, und Carla will es nun besser machen? Dann plagt sie ihr alter »Schatten«. Vielleicht hat sie aber auch große Angst, ein Stück ihrer Kontrolle aufzugeben und ihr inneres Chaos sichtbar werden zu lassen.
Johannes hingegen könnte sich ruhig ein bisschen auf die Bedürfnisse seiner Freundin einstellen und einen Kompromiss schließen. Hat er aus seiner persönlichen Geschichte verinnerlicht, dass, wer den kleinen Finger reicht, oft gleich die ganze Hand abgerissen bekommt?
Für beide gilt: Vielleicht sollten sie kurzzeitig von ihrer eigenen Sichtweise abgehen und sich einmal in den anderen hineinversetzen. Das ist schwierig und erfordert erwachsenes Verhalten, eine gewisse Distanz zu sich selbst. Fußballern wird es da leichter gemacht, sie werden von außen, nämlich vom Trainer, gezwungen, sich jedes Spiel noch mal anzusehen und die eigenen Fehler einzugestehen. Nur so ist Verbesserung möglich. Wo eine abgeklärte Haltung zu den eigenen Fehlern fehlt, gibt es allerdings ein Problem. Sollten Sie merken, dass Ihr Mann ein Dreijähriger, gefangen im Körper eines 35-Jährigen, ist,

können Sie davon ausgehen, dass er es nicht schaffen wird. Dann sollten Sie aber ohnehin darüber nachdenken, sich dauerhaft umzuorientieren.
Die Optimallösung für Carla und Johannes wäre: Beide fahren zu Ikea, kaufen eine hübsche Vitrine nur für seinen Nippes, und die kommt dann in sein Arbeitszimmer, in dem Carla Putzverbot hat. Und wenn die Wimpel darin verschimmeln, dann ist es seine Sache.

Torsch(l)usspanik: Bloß keine Zeit verlieren

Wie oft haben Mittdreißigerinnen diesen Satz schon gehört: »Der Typ ist doch für dich die reine Zeitverschwendung.« Gerade wenn die biologische Uhr schon ebenso laut tickt wie der Big Ben an Sonn- und Feiertagen, schaltet das Weibchen in der Welt paarungswilliger Großstädter ihren Liebes-Turbo an. Mit nicht selten fatalen Folgen.

Denn während IHR nichts schnell genug gehen kann, bekommt ER die Torschusspanik. Sprich: Lieber netzt ER gar nicht mehr ein, als IHR Tempo mitzugehen. Oder anders ausgedrückt: ER bekommt so kalte Füße, dass IHM beinahe die Zehen erfrieren.

Am typisch weiblichen Nestbautrieb und an dem Wunsch nach einer Familie sowie einem schönen Zuhause hat eigentlich keiner etwas auszusetzen. Die meisten Männer träumen ebenfalls davon, nur ist ihr Timing ein anderes.

Klar kennen wir alle die Beispiele von der Alex oder der Sarah, die bei dieser netten Party diesen netten Typen kennengelernt haben, sich sofort verliebten und nach sechs Monaten verheiratet waren. Das kann eine Idealvorstellung sein, wenn man vielleicht schon bei der Vierzig anklopft, ledig ist und einem auch der eigene Kopf signalisiert, dass nun »keine Zeit mehr zu verlieren« sei.

Aber stimmt das wirklich? No time to waste?

Stopp! Hier tappen Sie in eine der größten existierenden Liebesfallen! Ich kenne Frauen, die seit zehn Jahren alleine sind, weil sie immer alles sofort wollten. Irgendwann haben die Männer die Verzweiflung auf fünfzig Meter gegen den Wind gerochen. Hätten diese Frauen die zehn Jahre in einen Kerl

und ein wenig Geduld investiert, wären sie heute garantiert verheiratet (wenn das als Ziel gilt).
Mein ehemaliger Pfarrer hat nach acht Wochen seiner Liebsten einen Heiratsantrag gemacht und es noch keinen Tag bereut.
Aber mal ernsthaft: Sind diese Schnellschüsse wirklich klug? Vor allem in welchem Alter? Mit Mitte zwanzig können Sie sich ja noch leicht aufeinander einstellen, aber mit Ende dreißig sind die eigenen Verhaltensmuster oft so eingefahren wie die Spurrillen auf der A8. Oder anders ausgedrückt: Da hätten sie aus Franz Beckenbauer auch keinen Torjäger mehr gemacht.
Zurück zum Timing: Ich verrate Ihnen ein Geheimnis: Die Zeit kann Ihnen gar nicht weglaufen. Ihr Leben besteht rein physikalisch gesehen immer nur aus der Gegenwart. Die Zukunft können Sie sich ausmalen, aber nicht herbeihexen. Wer immer nur von Hochzeit und Kindern träumt, wacht leicht mit einem Heidenkater aus dem Liebesrausch auf, weil's dem Liebsten leider furchtbar zu viel wird. Wenn sich Ihr Partner Ihren Träumen nicht gewachsen fühlt, dürfen Sie es ihm nicht übelnehmen. Es bedeutet nicht gleich, dass er nicht der Richtige für Sie ist. Sie müssen ihm wahrscheinlich einfach noch etwas Zeit lassen. Geduld tut not, wenn Sie einen Mann langfristig an sich binden wollen. Wenn Sie ihm die Pistole auf die Brust setzen, wird er vermutlich vor Schreck den Blumenstrauß, den er in Gedanken schon auf dem Rücken in Händen hielt, fallen lassen und plötzlich schneller über die Flügel davonsprinten können als Franck Ribéry und Arien Robben, die beiden Bayern-Stars.
Ganz ehrlich: Ich habe größtes Verständnis, wenn Sie sagen, ach herrje, jetzt bin ich schon soundso »alt« und nicht verheiratet, habe keine Kinder, und um mich herum werfen meine Freundinnen munter und heiter ein Blag nach dem an-

deren. Sie können Ihrem Partner an der Stelle auch gerne eine Fertilitätskurve unter die Nase halten und ihm damit deutlich machen, wo Ihre Prioritäten liegen. Leider vermute ich, dass er das Diagramm für einen Börsenkurs hält und glaubt, Sie wollten ihm eine Aktie andrehen. Da bleibt kaum Raum für Romantik.

Dabei könnte es ja sein, dass er genau die gleichen Träume hat wie Sie, aber wegen mangelnder finanzieller Möglichkeiten oder der Angst zu versagen noch keinen Vorstoß gewagt hat. Lassen Sie das »wir« in Ruhe wachsen. Jede Beziehung hat ihr eigenes Tempo, daran können Sie mit Gewalt sicher nichts ändern. Und wer die ganze Zeit aufs Gas drückt, der verbraucht nicht nur zu viel Sprit, der überrollt seinen Partner auch ganz fix.

Zu viel zu schnell zu wollen ist einer der größten Beziehungskiller. Deshalb üben Sie sich lieber in Gelassenheit, als ihn zur gemeinsamen Wohnung zu drängen. Nicht immer ist Pressing, wie das ständige »Anrennen« beim Fußball heißt, auch im Paarspiel die Siegesstrategie. So mancher Mannschaft ist da nach 70 Minuten die Luft ausgegangen. Und Sie wollen doch schließlich einen Partner fürs Leben!

Üben auch Sie erst einmal den Alltag in kleinen Dosen, bevor Sie sich mit der vollen Ladung seines ausgebreiteten Ichs auseinandersetzen müssen. Denn wenn es dann darum geht, die Unterhosen zu waschen, die Socken zu sortieren, die Zahnpastatube wieder zuzudrehen und die leeren Flaschen wegzuräumen, kann aus Ihrem Liebsten ganz schnell ein unleidlicher Mitbewohner werden, den Sie aus einer normalen WG sofort rauswerfen würden. Es braucht auch in Sachen Ordnung eine gewisse Zeit, um sich aneinander anzupassen. Da hilft es, erst einmal getrennte vier Wände zu haben. Ich meine, ein Schlüssel zu seiner Wohnung tut es für den Anfang auch.

Und warum soll denn sofort ein Kind her? Kinder sind laut Studien die größten Belastungsproben für Paare. Viele halten den eigenen Nachwuchs nicht aus – oder ihren Partner bei der Aufzucht der Jungen –, wenn sie diesen nicht schon länger und sehr, sehr gut kennen. Fast 200 000 Ehen werden allein in Deutschland jährlich geschieden, und bei knapp der Hälfte dieser Scheidungen sind minderjährige Kinder betroffen. Ein Kind bedeutet zwar das höchste Glück, aber gleichzeitig auch die totale Aufopferung. Als meine Freundin Anja ihr erstes Kind bekam, sah ich sie nach zwei Monaten das erste Mal wieder. Himmel, die Frau war einst eine erfolgreiche Unternehmensberaterin, Achtzig-Stunden-Wochen inklusive. Aber nach acht Wochen Mutterschaft sah sie aus, als hätte sie gerade die komplette europäische Schuldenkrise ganz allein bewältigen müssen.

Bitte, missverstehen Sie mich nicht: Der Wunsch nach Hochzeit und Kindern ist ein absolut legitimer und nachvollziehbarer, er ist so alt wie die Menschheit. Aber tun Sie mir – und sich selbst – einfach den Gefallen und machen Sie nicht den Fehler, Ihr Liebesprojekt in drei Monaten umsetzen zu wollen. Und bei allen rosaroten Wolken: Wer Ihnen nach einem Monat schon einen Heiratsantrag macht, ist nach meiner Erfahrung auch nicht unbedingt normal. Es sei denn, es ist ein evangelischer Pfarrer …

Es könnte durchaus sein, dass Ihr Partner, wenn er in diesem Punkt etwas langsamer tickt als Sie, Ihnen damit einen großen Gefallen tut und Sie dabei auch auf gar keinen Fall verletzen möchte. In einer gewissen Art erweist er Ihnen sogar einen Liebesdienst. Denn die Zeit, in der Sie grübeln, wann Sie ihn wohl endlich heiraten können, dürfen Sie gerne aus vollen Zügen genießen. Und ruhig auch sinnvolle Sachen machen, die Ihnen Spaß bringen.

Kapitel 4

Die Eröffnung: Jetzt sind Sie dran

Spielfreude: Was Ihnen wirklich guttut

Sie wollten schon immer singen lernen? Sie haben ein Talent zum Malen oder Zeichnen? Sie schreiben gerne? Vielleicht wollten Sie auch mal wieder reiten gehen, weil Sie das als Kind so gerne gemacht haben? Tun Sie es!

Die Krux an unserem gesamten Leben ist doch, dass nur wir selbst uns glücklich machen können. Dies allerdings ist ein so schrecklicher und unromantischer Gedanke, dass wir ihn gerne verdrängen.

Ein Leben lang für uns selbst verantwortlich? Igitt. Niemanden für unser Leid verantwortlich machen können? Irks! Das braucht ja kein Mensch!

Und dennoch werden Sie im Laufe Ihres Lebens vielleicht an der ein oder anderen Stelle festgestellt haben, dass Zufriedenheit viele Gesichter hat und sich dankenswerterweise infolge verschiedener Lebensumstände einstellen kann.

Wenn alle Wege nach Rom führen, dann führt mindestens die Hälfte davon auch zu Ihrem persönlichen Glück.

Das vielleicht noch schlummernde Kind in Ihnen kann Aufschluss darüber geben, über welche Bedürfnisse Sie sich noch nicht klar sind oder welche Aktivitäten Ihnen wirklich guttäten. Wecken Sie es auf! Spätestens beim Anpfiff des Spiels geht es los.

Höre ich an dieser Stelle das Argument: Dazu fehlt mir doch die Zeit? Auch das ist ein Trugschluss, denn wenn Sie sich etwas Gutes tun wollen, und das sollten Sie, dann müssen Sie sich die Zeit dafür eben nehmen.

Als Kind habe ich sehr gern gesungen, aber wenn ich nach der Schule auf meinem Zimmer in meine Bürste einen Madonna-

Song trällerte, kam meine Mutter in mein Zimmer und sagte: »Hör jetzt auf mit dem Geheule!« (Sie behauptet heute, das stimme gar nicht, sorry, Mama aber dann habe ich es mir zumindest nachhaltig eingebildet.)

Erst im Erwachsenenalter konnte ich dieses »Kindheits-Trauma« überwinden, indem ich eine Gesangslehrerin aufsuchte. Schon in der ersten Stunde – ich war unendlich nervös – machte sie mich sehr glücklich mit ihrer Versicherung, ich hätte durchaus eine schöne Stimme. Über dreißig Jahre hatte ich mich nicht getraut, auch nur einen Ton außerhalb meines Autos oder der Dusche von mir zu geben. Und dann sagt diese erfahrene Sängerin: »Sie haben eine schöne Stimme.« Verstehen Sie, worauf ich hinauswill? Ich war überwältigt.

Mittlerweile übe ich für meinen ersten Karaoke-Auftritt. So ganz traue ich mich immer noch nicht raus aus meinem Sanges-Schneckenhaus, aber die Stunden mit Hong Mei sind mir so heilig, dass ich diesen 45 Minuten auch wichtige Termine unterordne. Es tut so unendlich gut, dass ich mich nur manchmal frage, warum um Himmels willen ich erst so spät damit angefangen habe.

Und lassen Sie sich nicht abschrecken, falls der erste Schritt nicht funktioniert. Vielleicht sind Sie als Kind geritten und wollen nun Ihr Glück wieder auf dem Rücken der Pferde suchen. Doch dann stellen Sie fest, dass Ihnen die Gäule zu groß vorkommen, die Reitstiefel nicht mehr passen und Ihre Kleinmädchenträume irgendwie der Vergangenheit angehören. Das macht nichts. Da gibt es bestimmt noch etwas anderes für Sie. Wenn Sie in sich hineinhören, werden Sie sicherlich eine Aktivität finden, die Sie interessiert. … Wussten Sie eigentlich, dass heute mehr Mädchen im Fußballverein sind als reiten lernen? Über eine Million Frauen und Mädchen spielen Fußball, während nur knapp über 500 000 im Reitverein orga-

nisiert sind. Vielleicht wäre ein Fußballverein auch etwas für Sie?
Seit unserer Kindheit hat uns dauernd jemand erklärt, warum wir etwas nicht können oder nicht machen sollten, welche schlimmen Konsequenzen unser Tun haben könnte oder wie sinnlos es eigentlich ist.
Vielleicht finden auch Sie beim Stöbern in Ihrer Erinnerungskiste die ein oder andere Aktivität, die Sie nie anzufangen gewagt haben. Sie werden merken, wie auch Ihr Partner nach anfänglichem Widerstand stolz auf Sie sein wird!
Richten Sie sich Strukturen ein. Gehen Sie dienstags um 19 Uhr zum Yoga, auch wenn Ihr Chef dann einen Handstand macht. Lassen Sie sich keinen Strich durch Ihre Glücksrechnung machen. Yoga macht übrigens wirklich ziemlich glücklich, kein Witz. Niemals hätte ich geglaubt, welche Wirkungen diese Übungen auf den Geist haben. Aber ich kann aus eigener Erfahrung sagen, dass eine Stunde Yoga mindestens zwei Therapiestunden ersetzt.
»Sonnengruß«, »Baum«, »Hund«, »Brett«, »Frosch, der auf dem Rücken liegt« und »Krieger« bringen ihnen mehr innere Ruhe als drei Kurse in Meditation. Es gibt mittlerweile auch einige Fußballer, die Yoga machen, die wollen aber namentlich nicht erwähnt werden …
Natürlich bin ich allein nicht wirklich repräsentativ, aber ich kann Ihnen versichern, dass ich wirklich alles ausprobiert habe. Ich habe stundenlang bei Qigong geatmet, wochenlang jeden Morgen meditiert, eine Ayurveda-Kur gemacht, wollte definitiv einen Aschram in Indien besuchen und habe tonnenweise Bücher von tibetischen Mönchen gelesen. Why worry? Das mit dem Aschram habe ich allerdings noch nicht geschafft. Ist vielleicht auch nicht mehr nötig.
Also: Probieren Sie Neues aus, Sie müssen ja nicht gleich

einen Zwei-Jahres-Vertrag im Fitness-Studio abschließen. Und wenn Sie dann Ihren ersten eigenen Spielzug machen und Ihr eigenes Spiel eröffnen, hat das auch noch einen anderen Vorteil. Denn Ihrer Aktion folgt immer eine Reaktion Ihres Partners, ob bewusst oder unbewusst. Einem Zug folgt der nächste. Vielleicht kommt Ihr Liebster mit seinem Waschbärbauch endlich auch aus dem Quark und räumt auf seinem Pilsfriedhof ein wenig auf. Vielleicht entwickeln Sie gemeinsame Aktivitäten, gegen die er sich bislang vehement gesträubt hat. Lassen Sie es einfach mal drauf ankommen.

Wer sich langfristig besser fühlen will, der sollte seine Komfortzone verlassen, seinem alten Trott ein wenig entfliehen und dann mit ein wenig Mut die Chancen nutzen. Es macht übrigens auch Sinn, sich das positive Ende seiner neuen Wege auszumalen. Ein wenig zu träumen. Von der ersten Ausstellung Ihrer Werke etwa, wenn Sie sich fürs Malen oder Fotografieren entscheiden, oder der neuen Energie, die Sie spüren werden, wenn Sie wieder Sport treiben, oder einfach nur dem Genuss, wenn Sie erstmals bei dem neuen schicken Japaner in der Innenstadt essen gehen – das alles stärkt ihre Identität und hilft Ihnen, Ihre Mitte zu finden und nicht mehr aus den Augen zu verlieren.

Ihre neu gewonnene Spielfreude und Ihre ungewohnte Entschlossenheit machen Sie für Ihren Partner deutlich attraktiver, auch wenn er am Anfang vielleicht ein paar Probleme mit Ihrer Unabhängigkeit haben wird. Viele Frauen fühlen sich zurückgesetzt, wenn der Partner samstags lieber Fußball schaut, als den Nachmittag mit ihr zu verbringen. Vermutlich wird Ihr Liebster auch zunächst so reagieren, was Sie durchaus mit einem Gefühl des Triumphs hinnehmen dürfen. Die Lage wird sich aber bald auf einem viel entspannteren Niveau stabilisieren.

Mit Ihren neuen Aktivitäten und Ihrem neuen Selbstbewusstsein werden Sie sogar sehr froh sein, wenn Sie den »Alten« mal los sind und Zeit für sich und Ihre Freundinnen haben. Einen Kerl im Schlepptau am Samstag beim Shoppen braucht doch ohnehin kein Mensch. Andauernd nölt er, dass Sie so ein Kleid doch gewiss schon hätten, dass diese schwarzen Schuhe genauso aussähen wie die, die Sie vor zwei Wochen gekauft haben (was für ein gequirlter Schwachsinn, diese Stiefeletten sind Wildleder mit Keil-, die anderen waren Glattleder mit Wedgeabsatz, tststs), und dass es unmöglich sei, dass es immer noch keine Sitzecken mit Topless-Bedienungen und Autofachzeitschriften in Kaufhäusern gebe. Wen interessiert das denn, wenn der Preis der unglaublich hübschen braunen Bottega-Veneta-Tasche um 50 Prozent reduziert ist?
Tun Sie mir – und vor allem sich selbst – einen Gefallen: Fangen Sie sofort mit Ihrem Leben wieder an!
Sollten Sie mit Ihrem Liebsten nicht unter einem Dach leben und wohnliche Veränderungen wünschen, so suchen Sie sich einfach erst einmal für sich eine neue Bleibe. Dann machen Sie sich einen Plan für Ihre Altersvorsorge und Ihren Vermögensaufbau. Sie können das alles auch alleine! Warten Sie nicht auf einen Mann, der das für Sie tut.
Machen Sie sich eine Liste der Dinge, die Sie immer schon einmal tun wollten, googeln Sie den richtigen Ansprechpartner und machen Sie Ihren ersten Termin. Entschlossenheit und Beharrlichkeit helfen Ihnen bei Ihren Schritten auf dem Weg zu Ihrer Identität.

Stellungsspiel: So macht Sex Spaß

Es hat durchaus eine Weile gedauert, bis ich mich diesem Kapitel genähert habe. Sex und Fußball gelten ja beide als schönste Nebensache der Welt, insofern haben sie durchaus etwas gemeinsam. Und es soll schon so manchen Stürmer gegeben haben, der nach einem herrlichen Tor Sätze wie: »Das war besser als ein Orgasmus!«, ins Mikrofon stammelte.
Das Problem an unserer Gesellschaft aber lässt sich nicht verleugnen. Wir werden mit Sex ja nur so zugeschüttet, an jeder Litfaßsäule, in jedem Film, in jeder Zeitschrift, in jeder Werbung und überall dort, wo sonst noch Aufmerksamkeit erzeugt werden soll. Bildschöne Körper rekeln sich in weißen Laken, der Waschbrettbauch von David Beckham erscheint fünf Meter groß an Häuserwänden, und wir sollen doch bitte schön genauso allzeit bereit sein. Nach einem überaus anstrengenden Tag schlüpfen wir alle noch husch, husch ins Negligé und haben den aufregendsten Sex unseres Lebens. Klar! Logo! Und die Erde ist eine Scheibe, liebe Freundinnen …
Die Wahrheit, meine Damen, sieht – wie wir alle wissen – anders aus. Statistiken belegen, dass es mit der sexuellen Aktivität der Deutschen in den vergangenen Jahren stetig nach unten gegangen ist. Das bedeutet zwar noch nicht, dass in unseren Schlafzimmern so gar kein Stellungsspiel mehr stattfindet, aber wir erliegen deutlichem Irrglauben in Sachen Sexualität. Der größte Fehler: Wir versuchen, Vergleiche anzustellen. Immer wieder stellen sich Paare die Frage, ob Ihre Quantität an sexueller Aktivität »normal« sei. Es gibt darauf keine Antwort. Ende. Wer um Himmels willen sollte denn festlegen, was in Ihrem Schlafzimmer normal ist? Die neue deutsche Sexpolizei?

»Oh, Herr Wachtmeister, wir hatten schon seit drei Monaten keinen Sex, welche Strafe müssen wir für diese Ordnungswidrigkeit zahlen?«
Ob Sie nun versuchen, Ihr Sexleben mit Pornos oder schicken Strapsen zu pimpen (was kurzfristig sicher mal funktioniert) – an Ihren grundsätzlichen Lebensumständen wird das wenig ändern. Und da hakt es doch beim Thema Sex.
Dieses Kapitel heißt: So macht Sex Spaß. Eigentlich müsste es heißen: Entspann dich, dann hast du auch wieder Spaß am Sex. Wissenschaftliche Studien haben ergeben, dass Menschen, die im Job zufrieden sind, automatisch auch mit ihrer Partnerschaft zufriedener sind – und am Ende gleichfalls mit dem Sexualleben am zufriedensten sind. Der Teufel sch… eben auf den dicksten Haufen, hat mein Vater immer gesagt. Wer also morgens schon mit einem Lächeln aufwacht, der hat sicher auch Spaß in der Waagerechten. Macht also guter Sex glücklich und ist automatisch eine Bereicherung Ihres Lebens? Ganz bestimmt. Ich kenne kein Paar, das sich trennt, wenn es noch leidenschaftlichen Sex hat. Ist ja auch eine Form, Probleme zu lösen. Schatz, leg dich hin, wir müssen reden …
Im Umkehrschluss heißt das aber auch: Wenn Sie mit Ihrem Sexleben in etwa so zufrieden sind wie die SPD mit den Umfrageergebnissen in Bayern, dann sollten Sie die Ursachen für Ihre allgemeine Unzufriedenheit suchen und ausmerzen.
Die schlechte Nachricht: Schlechter Sex wir nicht unbedingt besser dadurch, dass Sie ihn möglichst häufig vollziehen. Qualität ist nicht gleich Quantität. Aber auch da entscheiden natürlich Sie: Womit fühlen Sie sich wohl?
Nur weil uns massenhaft erklärt wird, dass man dieses oder jenes Sadomaso-Spielchen ausprobieren sollte, muss das keineswegs Ihrem Geschmack entsprechen. Glauben Sie bitte

nicht, was von den Medien suggeriert wird. Allerdings hilft es schon, sich mal einen Sex-Shop von innen anzuschauen und zu überlegen, worauf Sie Lust haben könnten.

Wenn Sie unlustig sind, Ihrem Partner im Bett am liebsten nur noch die kalte Schulter zeigen, wenn Sie gar kein Begehren mehr nach ihm spüren, muss das rein gar nichts über Ihre Partnerschaft aussagen. Es ist nämlich auch denkbar, dass Sie Signale aus einer ganz anderen Richtung empfangen.
Haben Sie zu viel Stress im Beruf? Fühlen Sie sich in der Partnerschaft nicht beachtet, leben Sie zu sehr nebeneinanderher, sind die vertrauten Abende mit den langen Gesprächen kaum noch existent? Oder erlahmt die Lust durch ein gemeinsames Kind, das Ihre volle Aufmerksamkeit in Anspruch nimmt? Oder leben Sie vielleicht sogar in einer zu engen Symbiose, die es Ihnen nicht mehr möglich macht, Ihren Partner als Individuum zu betrachten?
Es gibt viele Gründe, warum die Lust schwindet, aber es gibt genauso viele Möglichkeiten, sie wieder zum Erwachen zu bringen.
Haben Sie ein wenig Geduld. Auch ein Spiel dauert 90 Minuten, und das entscheidende Tor fällt oft erst in der Nachspielzeit oder gar beim Elfmeter. Natürlich besteht die Gefahr, dass Sie wieder in eine Negativspirale geraten, wenn es nicht sofort klappt. Vielleicht wollen Sie schon entnervt aufgeben. Das muss aber doch nicht sein! Sex ist definitiv ein wichtiger Teil einer Partnerschaft, aber es bringt überhaupt nichts, sich deswegen unter Druck zu setzen.
Sie haben nicht jedes Mal einen Orgasmus? Puh, da sind Sie wirklich nicht allein, keine Sorge. Sie machen es meistens in der gleichen Reihenfolge? Willkommen in der Welt der Beziehungen! Die Aufregung des Anfangsstadiums ist verflogen?

Ja, das ist nun mal der Lauf der Dinge ... Es soll sogar Nationalspieler geben, die eine Weltmeisterschaft routiniert absolvieren ...
Der erste Schritt zur Besserung im Bett ist, die Situation erst einmal so zu akzeptieren, wie sie nun mal ist. Sie schaffen keine vierzehn Kamasutra-Stellungen hintereinander? Gott sei Dank, sonst würde ich ja Angst vor Ihnen bekommen ...
Wer aber zu sich selbst eine gute Beziehung hat, wird naturgemäß weniger Lust auf einen anderen Menschen haben. Fangen Sie also bei sich selbst an mit Entspannung und mit Bewegung. Nichts bekommt dem Sexualleben besser als ein gutes Körpergefühl. Schwimmen, Laufen, Radfahren, Yoga, in die Sauna gehen – was auch immer Sie wollen. Kaufen Sie sich schöne Unterwäsche, und zeigen Sie sie Ihrem Partner. Ich bin sicher, wenn SIE sich begehrenswert fühlen, tut er es auch!
Guter Sex hat überhaupt nichts damit zu tun, dass Sie sich Pornos kaufen und dann versuchen, irgendwelche Verrenkungen nachzuahmen. Sollten Sie dennoch Spaß daran finden – bitte schön! Sie sollen sich wohl fühlen, in erster Linie mit sich, dann kommt auch die Lust wieder.
Es gibt übrigens keine Beweise dafür, dass Sex mit der Zeit langweiliger wird, nur weil er mit ein und derselben Person stattfindet, um es einmal so abstrakt zu formulieren. Eher das Gegenteil ist der Fall. Das Begehren wird – und das ist die Realität und auch die Normalität – seltener, aber dafür wird die Erotik viel intimer und inniger. Oder kennen Sie einen Stürmer, der in jedem Spiel trifft? Nein. Mit den Durststrecken beim Sex ist es genauso: Manchmal sind sie langwierig und schwierig, aber auch solche Zeiten haben einmal ein Ende.
Sexualität zählt biologisch gesehen zu den wichtigen Elementen der Bindung eines Paares. Denn wenn Sie und Ihr Partner

miteinander schlafen, werden die Hormone Oxytocin und Vasopressin ausgeschüttet, die allgemein als »Bindungshormone« gelten. Oxytocin haben Sie zum Beispiel schon mit der Muttermilch eingesaugt, dadurch wurde die Beziehung zu Ihrer Mutter beim Stillen gestärkt.

Vielleicht nimmt auch deshalb im Laufe einer Partnerschaft die Lust ein wenig ab: Denn am Anfang brauchen Sie ja noch die stärkere Bindung. Ist die Partnerschaft dann stabil und durch äußere Umstände, zum Beispiel die Ehe, dauerhaft definiert, brauchen Sie diese Bindungshormone nicht mehr in dem Maße wie zu Beginn.

Ein dauerhafter Wegfall der Lust ist aber definitiv ein Warnzeichen. In dieser Situation liegt auch die große Gefahr, dass sich ein Partner anderweitig umschaut, weil er seine Bedürfnisse nicht mehr wirklich befriedigt sieht. Da ein solcher Vertrauensbruch dann oft erst recht zur Trennung führt, ist die Beziehung in Gefahr, wenn das Schlafzimmer ausschließlich zum Schlafen genutzt wird.

Wie aber entsteht neue Lust am alten Partner? Tja, wir haben uns auch gesellschaftlich in ein Schlamassel manövriert, weil wir Frauen Bedürfnisse anmelden dürfen. Vermaledeites Weib! Früher gab die Frau sich den ehelichen Pflichten hin, und was sie selbst wollte, hat nun wirklich niemanden interessiert. Mittlerweile wissen die Männer ja schon gar nicht mehr, was sie nun fordern dürfen und wo sie Grenzen übertreten. Aus Angst, »übergriffig« zu wirken, lassen sie es lieber gleich. Das Resultat: Die Frauen fühlen sich nicht mehr begehrt und ziehen ihrerseits einen Flunsch.

Wenn Sie beide noch anständig Bock aufeinander haben, dann müssen Sie das auch äußern. An dieser Stelle gerne noch einmal der Hinweis: Wer nicht quietscht, wird nicht geölt.

Wenn Sie nicht einen kleinen Teil Ihrer sexuellen Gedanken

und Phantasien mit Ihrem Liebsten teilen, dann wird es vermutlich bei 08/15-Leibesübungen bleiben. Oder glauben Sie, dass eine Mannschaft Erfolg hat, deren Trainer über seine Visionen schweigt? Eine Mannschaft, in der nicht kommuniziert wird, wo auf die Bedürfnisse der Spieler keine Rücksicht genommen wird oder bei der Gleichgültigkeit herrscht, hat von vornherein verloren. Wenn aber ein Trainer zu begeistern weiß, wenn er Ideen hat, anfeuern kann, dann stellt sich auch der Erfolg mit der Zeit ein.

Also überlegen Sie sich, was Ihnen Spaß macht, wie Sie Ihr neues Stellungsspiel ausleben wollen und vor allem: Was Sie gerne einmal ausprobieren möchten. Ich bin ganz sicher, dass Ihr Partner ein offenes Ohr für Sie hat. Und denken Sie daran: Wenn es Ihnen im Bett wirklich zu langweilig geworden ist, dann kommt die Freude sicher nicht dadurch zurück, dass Sie alles beim alten Belassen. Der Partnerwechsel bringt aber nicht unbedingt neuen Erfolg, sondern vielleicht ein Änderung der inneren Einstellung. Doch egal, was Sie ändern: Alles ist besser, als in Lustlosigkeit zu versauern. Denn das, meine Damen, haben Sie absolut nicht nötig.

Strafraum: Liebe braucht auch Distanz

US-Schönheit Blake Lively soll ja für kurze Zeit Leonardo di Caprio erobert haben dank der sogenannten Regeln (»The Rules«) der US-Autorinnen Ellen Fein und Sherrie Schneider. Nun ist Dating in den USA, so scheint's, eine viel anstrengendere und vor allem strenger definierte Sache als bei uns. Was soll es schon bringen, immer fünf seiner Anrufe abzuwarten, bis Sie ihn zurückrufen … Mich hat allerdings eine Anweisung beeindruckt, nach der SIE verreisen soll, sobald ER sich in Sicherheit wiegt. Wie herrlich! Eine tolle Idee. Was sonst ER macht, nämlich zum Auswärtsspiel nach Berlin mit anschließender Saufrundfahrt zu fahren, das machen jetzt SIE!

Packen Sie ein paar hübsche Sachen ein, und buchen Sie sich für zwei Tage mit einer Freundin in einem Wellnesshotel ein. Wenn Sie dafür keine Zeit und vielleicht auch kein Geld haben, gehen Sie mit Ihrer Freundin schick essen, später noch in eine nette Bar. Es geht nicht darum, dass Sie Ihrem Partner untreu werden, sondern auf diese Weise können Sie versuchen, sich selbst treu zu bleiben. Was hat Ihnen vor Ihrer Partnerschaft Freude bereitet? Was haben Sie schleifen lassen?

Liebe entwickelt sich nicht, wenn sie nicht atmen kann. Wenn sich zwei Menschen die Luft nehmen, stirbt das Gefühl, da es seinen eigenen Sauerstoff braucht. Und der kommt zuweilen aus der Distanz. Sammelt sich im Raum zwischen Ihnen. Zu große Nähe und zu viel Sicherheit können klassische Liebeskiller sein. Eine Fußballmannschaft braucht nach einem Trainingslager, wo das ganze Team zwei Wochen oder gar noch länger aufeinander geglucktt hat, auch dringend Abstand!

Wenn er am Samstagabend nach dem Besuch im Fußballstadion nach Hause kommt und nur einen kleinen Zettel vorfindet, dass Sie ausgegangen sind mit Freunden (schreiben Sie keinesfalls, wo er Sie suchen könnte), wird das eine weitaus interessantere Wirkung haben, als wenn Sie ihn zu Hause nörgelnd empfangen. Diskussionen um seine durchaus zuweilen egoistische Wochenendgestaltung haben doch bislang auch nichts gebracht, oder?

Einstein hat einmal gesagt: »Die Definition von Wahnsinn ist, immer wieder das Gleiche zu tun und andere Ergebnisse zu erwarten.« Wie schlau der Mann doch war!

Meine Auslegung: Wie oft fügen wir uns lieber in unser Schicksal, als etwas Neues auszuprobieren. Wie wahnsinnig ist das erst! Und deshalb, meine Damen, wir wollen schließlich nicht wahnsinnig werden: Ändern Sie Ihr Tun, es muss ja nicht gleich radikal sein. Aber ein Wochenendausflug mit einer Freundin (ein Besuch bei den Eltern gilt nicht!), einen Abend mal alleine ausgehen, ein neues Hobby, das Sie ohne ihn beginnen –, das alles wird Ihrer Beziehung neue Nahrung geben. Vielleicht wird Ihr Partner etwas eifersüchtig, aber das ist vollkommen okay. Das soll er ja schließlich auch. Eifersucht ist vor allem zu Beginn einer Beziehung völlig normal, darf nur nicht krankhaft ausarten. (Handy kontrollieren ist NUR im schwerwiegenden Verdachtsfall okay.)

Das Wechselspiel zwischen Nähe und Distanz macht eine Beziehung stabil und erwachsen. Oft erkennen wir mit etwas Abstand ganz neue Aspekte und können auch den anderen wieder liebevoller betrachten.

Denken Sie an die Sommer- und Winterpause im Fußball! Im Mai, nach der Meisterschaft, können die Fans gut ein paar Tage ohne rollenden Ball. Doch spätestens nach zwei Wochen mehren sich die Entzugserscheinungen … Was für ein Hype jedes Mal, bevor die neue Saison beginnt!

Natürlich haben wir nichts gegen zwei gemeinsam verbrachte Liebeswochen auf den Malediven. Aber es tut danach sehr gut, sich wieder auf sich zu besinnen. Ein großes Problem bei zu großer Nähe besteht in den oft nur noch einseitigen Rückmeldungen in der Kommunikation.
Sie unterhalten sich ständig mit einem Menschen, den Sie zugegebenermaßen lieben. Ist Ihnen schon aufgefallen, wie anstrengend es sein kann, sich nur noch über eine andere Person zu definieren? Gerade wir Frauen spiegeln uns allzu gern in unserem Gegenüber, da bietet ein Mensch allein nur wenig Facetten. Ist es nicht so, dass wir auch gerne verschiedene Meinungen einholen und Feedback auch außerhalb der Partnerschaft brauchen? Mein Freund redet zum Beispiel nicht sehr viel (ist ja auch ein echter Kerl), und oftmals interessieren ihn die Dinge, die ich ihm berichten möchte, schlichtweg nicht. Das habe ich am Anfang sehr persönlich genommen, mir dann aber einfach andere Verbündete für viele meiner Themen gesucht (siehe auch im folgenden Kapitel »Teamplayer«).
Es macht doch keinen Sinn, immer nur auf eine Person zu hören. Wenn Sie und Ihr Partner sich mal zwei, drei Tage nicht sehen, werden Sie merken, wie erfrischend es sein kann, sich danach wieder auszutauschen. Und gleichzeitig haben Sie die Möglichkeit, etwas für sich zu tun.

Wie Sie mehr Abwechslung in Ihr Leben bringen? Setzen Sie sich Ziele! Selbstzufriedenheit hat viel damit zu tun, dass Sie sich auf dem Weg befinden, etwas zu erreichen. Unabhängig davon, was das ist. Ein Ziel verlockt zu Aktivitäten. Und wenn wir uns anstrengen, dann fühlen wir uns deutlich zufriedener. In der Glücksforschung wird vom sogenannten »Flow« gesprochen, das bedeutet, nur wer weder über- noch unterfordert ist, kann glücklich sein. Oder kennen Sie jemanden, der tagtäglich vor der Glotze hängt und dabei Glück empfindet? Ich nicht.

Fernsehen sollten Sie übrigens definitiv aus Ihrem Programm zur klassischen Berieselung streichen. Der Gehirnmuskel wird träge und schlaff, und das drückt die Stimmung. Sie dürfen sich gerne einen guten Film aus Ihrer Sammlung heraussuchen oder die Bundesliga schauen – wenn ich Ihnen ein bisschen Appetit darauf machen konnte, würde mich das freuen. Aber es gilt die Formel: aktiv auswählen und dann gezielt schauen. Das macht Fernsehen zu einer sinnvollen Freizeitbeschäftigung. Einfach nur die Glotze anschalten – das macht faul, desinteressiert und am Ende auch noch dick.

Vergessen Sie nicht: Sie sind die Spielführerin auf dem Spielfeld Ihres Lebens und nicht von solch banalen Dingen abhängig. Sie fühlen sich nicht als Spielführerin? Sie sitzen bloß auf der Bank? Sehen Sie, schon wieder kommen wir zu den Zielen. Herausforderungen anzunehmen stärkt unser Selbstwertgefühl, und das macht uns zufriedener, auch in der Partnerschaft. Wenn Sie unzufrieden mit sich sind, nutzen auch keine endlosen Beziehungsdiskussionen. Fangen Sie an einer anderen Baustelle an! Es gibt bestimmt noch mehr! …

Wenn es in Ihrem Job keine interessanten Veränderungsmöglichkeiten gibt, tun Sie etwas für Ihre Bildung! Das ist ein weites Feld. Ob Sie dabei Bücher über ayurvedische Medizin lesen oder den *Kicker,* spielt keine Rolle.

Wenn Ihr Freund oder Mann Ihnen nicht weiterhilft, weil seine Angst vor Veränderungen zu groß ist, müssen Sie eben mit anderen Mentoren die nächsten Schritte besprechen. Das muss keinesfalls von Nachteil sein, viele Menschen haben Probleme damit, sich auf die neuen Pläne des Partners einzustellen, und wären ein schlechter Ratgeber.

Denken Sie immer daran: Sie sind einzigartig. So wie Sie ist sonst keine. Sie tragen die Verantwortung für Ihre Persönlichkeit. Wenn Ihr Selbstwertgefühl in Ihrer Partnerschaft leidet, dann kann in der Regel Ihr Partner am wenigsten dafür. Oftmals sind es ja wir Weibchen, die uns zu sehr in den Dienst einer Partnerschaft stellen.

Lernen Sie, von sich aus Distanz zu schaffen. Das mag am Anfang sehr bedrohlich erscheinen, aber es ist auf Dauer der richtige und blöderweise einzige Weg. Nehmen Sie sich alleine etwas vor, und ziehen Sie es verdammt noch einmal durch. Ich weiß haargenau, wie schwer das ist, aber tun Sie sich diesen Gefallen.

Ihnen wird ein neuer Posten angeboten, aber Sie haben Angst, dass Sie dann mehr arbeiten müssen und die Partnerschaft darunter leidet? Wenn diese Stelle Sie wirklich interessiert, die Inhalte spannender sind und vielleicht sogar die Bezahlung besser ist – Teufel noch eins, tun Sie's! Es wird Sie weiterbringen, so oder so. Wenn Sie Ihre Bedürfnisse hintanstellen, kann das auf lange Sicht nur zu Unzufriedenheit führen.

Dies hier ist kein Plädoyer für Rücksichtslosigkeit, sondern für Eigenständigkeit. Machen Sie sich eine Liste, überlegen Sie genau, was Sie in Ihrem Leben noch erreichen wollen. Vielleicht verschieben sich auch gerade Ihre Prioritäten, und Sie müssen sich neue Strukturen schaffen. Natürlich gilt das insbesondere, wenn Kinder da sind. Aber geben Sie sich auf gar keinen Fall auf! ER geht schließlich auch ins Stadion, ohne SIE jedes Mal um Erlaubnis zu bitten.

Der Philosoph Friedrich Nietzsche hat es auf den Punkt gebracht: »Werde, der du bist!« Ein glückliches Paar erkennt man daran, dass beide die Ziele des anderen kennen und respektieren, auch wenn sich diese vielleicht nicht immer realisieren lassen. Und so können Sie sich selbst entfalten an der Seite Ihres Partners. Er wird stolz auf Sie sein, und Sie dürfen auf sich stolz sein. Sprechen Sie miteinander über Ihre Wünsche und Ziele, geben Sie Ihrem Mann die Möglichkeit, auch Sie dadurch besser kennenzulernen. Denn nur wer die Ziele des anderen kennt, kann ihm helfen, diese zu erreichen. Und nur sprechenden Menschen kann man helfen, sagte meine Freundin Claudia immer.

Es kann durchaus passieren, dass Sie bei neuen Aktivitäten oder Selbstfindungsprozessen in einen Machtkampf mit Ihrem Partner geraten. Keine Angst: Solche Streitigkeiten sind vermeidbar – wenn Sie sicher sind, dass Sie wirklich nur ein Ziel verfolgen: nämlich Ihre eigene Zufriedenheit.

Bleibt die Erkenntnis: Sie sind die Spielmacherin, Sie sollten sich selbst treu bleiben. Wer interessante Hobbys hat und einen netten Freundeskreis sowie Spaß an der Arbeit, dem wird es leichter fallen, auch die eigene Partnerschaft zu pflegen / einen neuen Partner für sich zu gewinnen.

Blake Lively und Leonardo di Caprio sind übrigens längst kein Paar mehr. Aber der Nächste, Ryan Reynolds, der Ex-Ehemann von Scarlett Johansson, macht auch keinen schlechten Eindruck …

Teamplayer: 11 Freundinnen sollt ihr sein

Im Fußball verteilt sich die Verantwortung auf mehrere Schultern, genauer gesagt auf elf, nimmt man den Trainer dazu, sind es sogar zwölf. Und wir dürfen natürlich nicht den Rest des Kaders plus den gesamten Trainerstab, die Physiotherapeuten, die sportliche Leitung und das Präsidium vergessen. Keiner käme je auf die Idee, einem einzelnen Spieler die Schuld an einer Niederlage zu geben, selbst wenn sein Team mit 0:1 dank – oder besser undank – seines Eigentors verliert? Niemals!
Im Berufsleben werden Vorstände von Aufsichtsräten kontrolliert, Unternehmen lassen sich von unabhängigen Beratungsfirmen auf Herz und Nieren prüfen, und Entscheidungen müssen eine ganze Armada von Gremien durchlaufen, bis sie schließlich abgezeichnet werden. Allein eine simple Reisekostenrechnung geht fast durch ähnlich viele Hände wie ein 10-Euro-Schein im Laufe seines Lebens. Ergo: Überall verteilen wir die Verantwortung.
In der Liebe aber legen wir unser Glück ganz einfach in die Hände eines einzigen Menschen. Kann das gutgehen? Die Antwort ist so simpel wie grausam: nein.
Sie brauchen, genauso wie eine Fußballmannschaft, ein schlagkräftiges Team in Ihrem Leben, das Sie emotional auffängt. Ihnen Halt gibt, wenn das arme Tier einmal in Gestalt von Depressionsanflügen oder Mutlosigkeit vorbeikommt. Oder auch nur der Feind in Ihrem Kopf einmal die Überhand gewonnen hat. In so einem Moment ist Ihr Mann vielleicht der falsche Ansprechpartner. Ihre beste Freundin hat sicher mehr Verständnis für Ihr ausgewachsenes PMS als die Menschenversion mit dem XY-Chromosom.

Männer gehen Konflikten und Problemen lieber aus dem Weg, effektiverweise dann, wenn sie diese nicht lösen können. Und da Männern nun einmal Bedürftigkeit ein Greuel ist, müssen Sie sich mit Ihrem weinenden inneren Kind manchmal eine andere Schulter zum Anlehnen suchen.
Sollte Ihr Problem technischer Natur sein, wird Ihr Mann sich diesem sofort und selbstverständlich annehmen. Dann rauscht ein ausgewachsener Lösungs-ICE durch Ihr Wohnzimmer. Eine rein emotionale Verstimmung aber macht ihm Angst, die steckt er am liebsten in die Schublade mit der Aufschrift »hysterisch«. Warum kommt es sonst zu so vielen Szenen, in denen Frauen weinen und Männer sich angegriffen fühlen? Das macht ja eigentlich keinen Sinn. Wir wollen doch bloß in den Arm genommen werden, und stattdessen wird noch anständig auf einem rumgehackt. Aber was soll's. Würden Sie von einem Krokodil verlangen zu fliegen? Eben.
Pflegen Sie also Ihre Freundschaften, und denken Sie daran, dass viele Sachen auch ohne den Partner Spaß machen.
Vorsicht: Auch bei Frauentipps ist manchmal Vorsicht geboten, denn in Sachen Liebesberatung erweisen sich nicht alle Freundinnen als Hilfe. Ich habe die Erfahrung gemacht, dass bei Liebeskummer Single-Freundinnen die beste Adresse sind – wenn man aber gerade frisch verliebt ist, machen die einem den neuen Kerl auch gerne madig. Bestimmt schon mal erlebt, oder?
Meine Freundin Iris ist seit zehn Jahren glücklich verheiratet, sie kann sich ein Leben allein gar nicht mehr vorstellen. Umso schneller gibt sie Ratschläge wie: »Lass den doch sein, du blockierst dich doch nur für den Richtigen.« Dass das mit dem Loslassen aber durchaus schwierig ist, selbst wenn man weiß, dass es der Falsche ist, käme ihr gar nicht in den Sinn. Sie muss ja nicht allein ins Bett gehen und das nächste Date mit

irgendeinem Aber-Typen überstehen. (Als Aber-Typen gelten Männer, die einfach einen Haken haben, also deren Beschreibung Freundinnen gegenüber immer mit einem »aber …« endet.)
Und verbünden Sie sich bloß nicht zu eng mit Muttern, denn wenn Sie schlecht über Ihren Freund reden, wird das am Ende gegen Sie verwendet, das schwöre ich Ihnen!
Aber Ihr Team hält zu Ihnen. Ich bin ganz sicher, Sie haben etliche Freundinnen, die schon länger zu Ihrem Leben gehören als Ihr Partner. Die sind Ihr Psycho-Kitt, also der Stoff, der alles zusammenhält.
Wer sind Ihre Lieblingsmenschen?
Schreiben Sie die Namen auf, und schicken Sie ihnen eine SMS. Trommeln Sie Ihre Verbündeten zusammen und laden Sie sie zum Essen ein. Machen Sie ihnen deutlich, wie viel sie Ihnen bedeuten, und Sie werden erstaunt sein, wie schnell das für inneren Frieden sorgt.
Vielleicht gibt es auch liebe Ex-Freunde in Ihrem Umfeld, mit denen Sie in gutem Kontakt stehen? Wenn die es gut mit Ihnen meinen, können Sie sehr wertvolle Berater sein. Wenn so ein Ex Sie aber zurückhaben will, sollten Sie zunächst die Fronten klären.
Sicherlich gehören auch einige Arbeitskollegen zu Ihrem »Team«, ein freundliches »guten Morgen« hört man ja manchmal eher in der Firma als zu Hause … Wie sieht es in Ihrer Nachbarschaft aus? Nichts ist schöner, als mal schnell an der Nebentür klopfen zu können und dann bei einem Kaffee die Einzelheiten des Tages zu erörtern.
Was die Bewerbungskriterien angeht, so suchen Sie sich positive Menschen für Ihre Mannschaft, die Ihnen keine Aufmerksamkeit neiden.
Als empfehlenswert gilt außerdem die Arbeit mit einem

Coach, vielleicht auch mit einer Therapeutin oder einem Therapeuten. Viele Menschen haben in ihrer Kindheit sehr viel Leid und Schmerz erfahren müssen und konnten kein gesundes Verhältnis zu ihren Eltern entwickeln. Gerade dann sind Psychologen beinahe unerlässlich, sie können nicht nur helfen, das Erfahrene zu verarbeiten, sondern auch eine Art Elternfunktion übernehmen. Es hilft sehr, wenn ein Mensch mit Empathie zuhört, ohne dabei sofort zu urteilen. So werden Sie geholfen. Gut tut es allemal. In vielen Fällen übernimmt übrigens die Krankenkasse die Kosten. (Mehr dazu haben Sie bestimmt in Kapitel »Burn-out« gelesen …)

Und so wie im Fußball der eine fürs Toreschießen zuständig ist und der andere fürs Verhindern, einer im Mittelfeld die Fäden zieht und ein anderer die Verteidigung absichert, so sind Sie mental mit Ihrem Team gut aufgestellt. Lassen Sie sich bereichern durch gute Gespräche, entdecken Sie mit Ihren Freundinnen die Welt außerhalb der eigenen vier Wände, oder trinken Sie einfach gemeinsam ein schönes Glas Wein. Auch das macht glücklich und lässt Sie Ihr wahres Wesen spüren.

Für viele Fragen in unserem facettenreichen weiblichen Leben sind Männer schlichtweg nicht qualifiziert. Es sei denn, sie sind homosexuell. Die meisten Kerle sind keine guten Shopping-Begleiter, für einen Besuch im Ballett erscheinen sie meist ebenso ungeeignet wie für Gespräche über das akute Gefühlsleben. Deshalb umgeben Sie sich mit einem Team, mit dem Sie auch solche Bedürfnisse stillen können. Und nehmen Sie sich gefälligst die Zeit dafür. Sagte ich schon, dass jeden Samstagnachmittag …

Frauenfreundschaften und Männerfreundschaften sind übrigens sehr verschieden. Der Intensitätsgrad von Männerfreundschaften bemisst sich an der Anzahl von gemeinsam vertilgten Bieren. Der beste Kumpel ist der, mit dem ER sich ohne viele Worte versteht. Das birgt für manche Männer, wenn wirklich Beziehungskrisen auftauchen, echte Tücken. Mit wem können Männer dann kommunizieren? Über Fußball reden geht immer, ob der neue Stürmer nun wirklich etwas taugt, der Trainer die richtigen Entscheidungen trifft, und am liebsten lassen die Kerle ihre Erinnerungen an das WM-Finale 1990 aufleben oder an das Spiel um Platz drei 2006. Andere Sachthemen wie Autotests, das Display im neuen 5er BMW oder die Leistung des neuen Computers werden auch gerne durchdiskutiert.

Aber für die Gefühlsregulierung ist doch bitte schön die Frau zuständig. Doch wenn SIE bester Kumpel und Geliebte und Mutter gleichzeitig sein soll, den Haushalt schmeißen, Geld verdienen und die Kinder erziehen soll, beginnt man zu verstehen, warum Scheidungen in der Regel von Frauen eingereicht werden.

Frauenfreundschaften sind sicherlich nicht unbedingt pflegeleichter, aber sie leben von mehr Kommunikation und tieferer Empathie. Nun, in Ihrem »Team« gibt es sicherlich auch die eine »beste« Freundin, mit der Sie nicht nur über die Liebe, sondern auch über Probleme mit den Eltern oder auch im Beruf sprechen können. So entlasten Sie nicht nur sich, sondern auch Ihren Partner.

Noch eine Sache: Selbst für den Fall, dass beidseitig wenig Verständnis für die jeweilige Art der Freundschaften existiert, ist es wichtig, die Freunde und Teammitglieder des anderen zu respektieren.

Auch wenn der beste Freund Ihres Partners bei Ihnen nicht gut ankommt, sollten Sie cool bleiben. Es wäre ein schwerer Fehler, Ihre Meinung klar zu kommunizieren, da verstehen Kumpels keinen Spaß. Sollten Sie sich fragen, was er nur an diesem Typen findet – das ist und bleibt seine Sache!

Jeder hat nun mal seine Motive für eine Freundschaft, und die können manchmal weit in die Vergangenheit zurückreichen, eben in den Rucksack gehören, den man mit sich schleppt. Auch das gehört zu einer Partnerschaft dazu. Ob es Ihnen nun passt oder nicht. Ich kenne übrigens etliche Frauen, die einen aus dem »Team« des Partners nicht mögen. Da sind Sie nicht allein. Das ist seine Mannschaft, daran dürfen Sie nicht rütteln. Und denken Sie daran: Wer auf Granit stößt, sollte nicht noch reinbeißen. Auch da hilft der richtige Abstand.

Duselsieg: Es geht auch ohne Perfektionismus

Vorhang auf für eine der beliebtesten Fußballphrasen: »Ja, das war ein Arbeitssieg, wichtig sind die drei Punkte, und jetzt konzentrieren wir uns auf den nächsten Gegner.« Ähm, danke schön!

Natürlich schwärmen wir von Kombinationsfußball und den großartigsten Fußballern aller Zeiten. Aber was hat Lionel Messi, der jüngst zum dritten Mal in Folge zum Weltfußballer des Jahres gewählt wurde, denn sein Können genutzt im WM-Viertelfinale 2010 gegen Deutschland? Nix! Die Elf von Joachim Löw besiegte Argentinien trotz des kleinen Wunderknaben mit 4:0. Und es war sicherlich nicht die große Perfektion der deutschen Elf, die ihr diesen Sieg einbrachte. Es waren Mut, Teamgeist und der unerschütterliche Glaube an sich selbst. Der übrigens fehlte dann im Halbfinale, weswegen wir dem späteren WM-Sieger Spanien hoffnungslos unterlegen waren.

In den 80er Jahren galt Perfektionismus unter Psychologen übrigens ausschließlich als neurotisch. Mittlerweile wird unterschieden zwischen funktionalem und dysfunktionalem Perfektionismus, wobei bei Letzterem durchaus direkte Zusammenhänge mit Depressionen, Alkoholismus und Essstörungen festgestellt wurden. Puh, ganz schön starker Tobak!

Wir müssen aber erst einmal klären, ob Sie überhaupt unter dem Superweib-Syndrom leiden.

Vielleicht werfen Sie einen Blick auf die Werte Ihrer Eltern. Werden Sie denen gerecht? Nein? Macht nichts, Sie sind doch längst Ihr eigener Herr! Lassen Sie leicht Kritik an sich heran? Vor allem von Ihren Eltern? Wollen Sie nicht nur Erfolg in

der Sache, sondern strengen sich auch immer um Ihrer Bezugsmenschen willen so an? Ist gut für Sie einfach nicht gut genug? Willkommen im Club!
Wenn Sie mich fragen, ist Perfektionismus gerade für Frauen ungefähr so schädlich wie zwanzig Jahre in einem Zimmer mit einem Rothändle-Kettenraucher. Dauernd werden weltweit neue Leistungstöchter herangezüchtet, Frauen, die mir mehr Angst einjagen als eine afrikanische Giftspinne (und ich bin extreme Arachnophobikerin!).
Sie sehen phantastisch aus, bekommen Familie und Job wie mühelos unter einen Hut, haben einen ebenso attraktiven wie reichen Ehemann und nur dann ein echtes Problem, wenn das Lieblingshotel in St. Tropez im Sommer ausgebucht ist. Was für eine Schande, was soll man denn jetzt bloß machen, das ist eine echte Tragödie. Irks.
Nehmen Sie sich daran bitte kein Beispiel. Es ist völlig okay, wenn Sie nach einer harten Woche im Job sich völlig ausgelaugt fühlen und plötzlich keine Lust mehr auf die lange anberaumte Grillparty verspüren. Ein Blick in den Spiegel sagt: Wer ist die Frau mit den Augenrändern und diesen komischen Falten? Ich kenn dich nicht, ich wasch dich trotzdem …
Sie haben gestern Abend aus Frust eine Packung Eis verspeist? Auch in Ordnung, bloß kein schlechtes Gewissen, das macht alles noch viel schlimmer. Sie haben Ihren Partner angezickt, obwohl es eigentlich diesmal wirklich nicht seine Schuld war?
Egal, egal, egal. Es geht auch mal mit 80 Prozent. Wir sind keine Maschinen, wir machen Fehler, und das ist auch gut so. Männer sind oft viel gnädiger mit sich, und sollten Sie wirklich mal zwei Kilo zugenommen haben, wird das Ihren Partner viel weniger stören als das darauf folgende Genörgel diesbezüglich.

Dazu machen wir nun eine kleine Übung: Alle Dinge, die Sie jetzt nicht in dieser Sekunde ändern können, lassen Sie los. Lassen Sie mal den Fernseher ruhen. Lassen Sie People-Zeitschriften am Ständer liegen. Der Vergleich mit den Supermamis und Leistungstöchtern macht in der Regel nur unglücklich. Klar sehen die gut aus, na und? Sie doch auch!
Aber warum überhaupt sich dem Vergleich aussetzen?
Es macht überhaupt keinen Sinn, sich diejenigen anzuschauen, die es vermeintlich besser haben. Und man könnte noch erwähnen, dass Sie ja nicht einmal mit Sicherheit wissen, ob es diesen Promi-Prinzessinnen wirklich bessergeht.
Also ziehen Sie sich jetzt etwas Bequemes an, und denken Sie daran: Sie sind fabelhaft, daran gibt es überhaupt keinen Zweifel. Nicht den geringsten.
Das Perfide am Perfektionismus ist ja, dass er niemals ein Ende findet. Wenn Sie Ihr Traumgewicht erreicht haben, fallen Ihnen plötzlich die Fältchen um die Augen auf. Wenn Sie Ihre Traumbeförderung bekommen haben, stellen Sie fest, wie anstrengend der Job ist und dass kaum etwas übrig bleibt, weil Sie beim Finanzamt in eine neue Steuerklasse gerutscht sind.
Wenn Sie Ihren Traummann finden, müssen Sie nach spätestens einem halben Jahr einsehen, dass er eine bunte Vielfalt an Macken und therapiebedürftigen Eigenschaften hat.
Es macht daher viel mehr Sinn, sich mit dem Status quo anzufreunden und ihn lieben zu lernen, als nach einem Ideal zu streben, das unerreichbar ist, weil es nicht existiert. Es macht doch auch wirklich keinen Spaß, ständig unter der Messlatte drunter durch zu laufen.
Fragen Sie eine gute Freundin, wie diese Sie sieht. Sie werden sicher eine überraschende Antwort erhalten. Oft fehlt uns nämlich schon der Blick für die guten Dinge an uns. Vielleicht sagt sie Ihnen, wie sehr sie Ihren Humor schätzt und mit wie

viel Energie Sie manche Dinge angehen. Eine Stimme von außen hilft uns, den bösen Blick von uns selbst abzuwenden, den wir so oft auf uns richten.

Natürlich fällt es uns schwer, die üble Geißel loszulassen, da uns mit ihr schon so lange eine Hassliebe verbindet. Das »Gefallenwollen« um jeden Preis wird uns ja schon seit frühester Kindheit eingeimpft. Die schönen Kleidchen zu den Familienfesten, die Lieblingsattribute lauteten »hübsch«, »goldig« oder »bezaubernd«, aber sicher nicht »charakterstark«. Als liebenswert empfinden wir uns in der Regel nur, wenn wir angepasst sind und einem Ideal entsprechen, das wir gar nicht festgelegt haben. Stellen Sie an dieser Stelle einmal Ihre eigenen Regeln auf. Sie haben ein Recht auf eine eigene Meinung und auf Ihre Gefühle!

Übernehmen Sie Verantwortung für Ihre Gefühle, horchen Sie in sich hinein. Was finden Sie an sich liebenswert? Es kann sogar sein, dass Ihnen diese Frage schmerzhaft erscheint, aber schauen Sie trotzdem hin. Was finden Sie an sich liebenswert? Sie werden vielleicht erstaunliche Antworten finden. Gerade in Krisenzeiten, wenn Sie zum Beispiel Streit mit Ihrem Partner haben und sich mit Vorwürfen quälen, hilft es, sich diese Eigenschaften wieder ins Gedächtnis zu rufen.

Geliebt werden wir für unsere Schwächen. Also besiegen Sie Ihre innere böse Stimme (siehe Kapitel »Wadenbeißer«), und fangen Sie an, sich selbst zu lieben.

Fußball zum Beispiel würde überhaupt nicht funktionieren, wenn Spieler nicht andauernd Fehler machen würden. Wie sollten denn sonst Tore entstehen? Und die sind immerhin das Schönste am Spiel …

Abwehr, Mittelfeld, Sturm: Ihr taktisches Lebens-System

In einer Fußballmannschaft gibt es verschiedene Spielsysteme. Haben Sie schon mal von einem 4-3-3 gelesen oder einem 4-2-3-1? Klar, das mit dem 4-2-3-1 habe ich Ihnen ja schon erklärt. Der FC Barcelona aber, die beste Mannschaft der Welt, spielt in einem abgewandelten 4-3-3, mit nur einem defensiven Mittelfeldakteur und mit dem großartigen Lionel Messi auf dem rechten Flügel. Barca ist natürlich flexibel.

Und so, wie Erfolg im Fußball nur mit einem klaren System möglich ist, gilt das auch im übertragenen Sinne für das Leben. Auch unser Leben braucht eine klare Zuordnung. Am besten stellen Sie sich ihr Lebens-System vor wie einen Tisch, der optimalerweise auf sechs Säulen statt der gewohnten vier Beine ruht.

Ihre Lebenssäulen sind – unabhängig von einer Reihenfolge:

- Partnerschaft
- Beruf
- Hobbys
- Familie
- Freunde
- Sexualität

Ein Tisch auf sechs Beinen steht sicher und fest. Wenn wir uns unser Leben aber genauer betrachten, so sind diese Tischbeine, sprich Lebenssäulen, immer unterschiedlich stark ausgeprägt. Manche sind auch zeitweilig gar nicht da.

Ein Single, der gerade im Ablösungsprozess von seinen Eltern steckt und auch noch neu in eine fremde Stadt gezogen ist,

muss sich alles neu aufbauen. Vielleicht ist er wegen des Jobs umgezogen, dann wird er zunächst versuchen, die Job-Säule so dick wie möglich aufzustellen, damit sein Lebens-Tisch nicht total ins Wanken gerät.
Und wie sieht Ihr Tisch aus? Pflegen Sie Ihre Freundschaften? Helfen Sie vielleicht mal im Altenheim und geben eine Lesestunde? Gehen Sie mit einem Tierheimhund Gassi? Haben Sie Hobbys? Sie können sich manchmal gar nicht vorstellen, dass Sie sich nur umdrehen müssen, um eigene Erfüllung zu finden. Oft liegt das Gute viel näher, als Sie denken.
Die komplette Ausgewogenheit der Säulen lässt sich nur sehr schwer realisieren. Aber denken Sie dran: Auf vier Beinen steht Ihr Lebenstisch schon viel sicherer als auf dreien. So gesehen hat auch das Singledasein so seine Vorteile. Denn selbst wenn Ihnen die Partnerschafts-Säule fehlt, können doch die anderen stark genug sein, um Sie durchs Leben zu tragen.
Viele Singles sind im Job erfolgreicher, haben mehr Freunde und auch noch ausreichend Zeit für Hobbys. Sie klagen zwar eher über Einsamkeit, sind aber oft kommunikativer und geselliger und haben mehr Möglichkeiten, eigenen Bedürfnissen nachzukommen – dann eben ohne Partner.
Mein schwäbischer Nachbar hat einmal so schön gesagt: »Ich habe lieber alle zwei Wochen einen miesen Tag, weil ich keine Freundin habe, als jeden Tag Depressionen, weil ich mit der Falschen zusammen bin.« Auch eine nachvollziehbare Logik. Wenn Sie eine feste Beziehung haben, dürfen Sie sich dafür über regelmäßigeren Sex freuen (das sei Ihnen zumindest gegönnt) und über regere Anteilnahme (wenn Sie Glück haben). So ist jeder Mann anders. Haben Sie schon Ihren Liebes-Libero ausgemacht? (Wussten Sie, dass der Libero im Englischen »Sweeper«, also »Ausputzer«, genannt wird?) Sie werden staunen, ein wenig Fußball steckt in jedem Mann, denn auch

unter Männern finden Sie die Stürmer, die Defensivspieler, echte Offensivakteure und die Kreativköpfe. Sie suchen eine Mischung aus allem? Das wird vermutlich schwierig, irgendwo liegt schließlich immer der Schwerpunkt. Aus einem Phlegmatiker machen sie keinen Partyhengst mehr und aus einem Draufgänger keinen Dauerfernsehgucker.

Der Stürmer:

Im Fußball hat er einen festen Job – Tore schießen. Die besten Stürmer der Welt können die Hälfte des Spiels nicht zu sehen sein, aber im entscheidenden Moment schlagen sie zu. Ihr Liebes-Stürmer mag Ihnen zunächst gar nicht auffallen, aber er spricht Sie im entscheidenden Moment an und fackelt dann auch nicht lange. Ein Stürmer weiß ganz genau, was er will und wie er seine Ziele erreicht. Der Vorteil für Sie besteht darin, dass er sicher immer unumwunden und direkt mit Ihnen umgehen wird, allerdings droht auch eine gewisse Gefahr. Denn sein draufgängerischer Charme könnte natürlich auch bei anderen Frauen gut ankommen.
Berühmteste Stürmer der Gegenwart: Mario Gomez, Lukas Podolski, David Villa (Spanien), Wayne Rooney (England). Die Liste ließe sich noch lange fortführen.

Der Offensivspieler:

Seine Aufgabe besteht in erster Linie darin, den Stürmer mit Bällen zu füttern, die dieser dann wieder in Tore ummünzen kann. Spätestens bei ihm fängt auch schon die erste Verteidigungsposition an. Der Offensivspieler ist laufstark und hat ein

gutes Durchhaltevermögen. Er lässt zum einen seine technische Finesse aufblitzen, kann aber andererseits auch die nötige Härte zeigen. Wenn Ihr Angebeteter sich auch mal verdribbelt und trotzdem den nötigen Zug zum »Tor« hat, dann kann das eine wunderbare Verbindung fürs Leben werden. Er hat sicherlich noch die ein oder andere Flause im Kopf, wird Sie dank seiner Kreativität jedoch immer wieder überraschen.
Begnadetste Offensivspieler der Gegenwart: Mario Götze, Mesut Özil, Lionel Messi, Marco Reus.

Der Defensiv-Spezialist:

Wird auch »Sechser« genannt. Oft der Strippenzieher und Chef auf dem Platz. Von ihm geht der Spielaufbau aus, er hält die Fäden in der Hand. In der Analogie zum Leben handelt es sich um einen Mann, der gerne die Kontrolle hat und Entscheidungen trifft. Er hat einen genauen Plan für sein Leben und verlangt möglicherweise, dass Sie sich dem auch ein wenig unterordnen. Ein »Sechser« bestimmt das Spielgeschehen und weiß, wie man sich dem Gegner entgegenstellt. Sicher ein mutiger Mann, der auch Konflikten nicht aus dem Weg geht. Kein Traumtänzer, sondern ein Stratege mit Köpfchen
Berühmte Defensivspieler der Gegenwart: Samy Khedira, Nuri Sahin, Bastian Schweinsteiger (spielt aber auch auf der offensiven Position, siehe oben).

Der Verteidiger:

Er ist in erster Linie dafür zuständig, Tore zu verhindern. Gutes Auge, harte Knochen. Ein Typ für Zweikämpfe. Herzlich, anständig, aber oftmals eher die grobe Variante. Sollte Ihr Liebster Typ »Verteidiger« sein, wird er Sie aufrichtig lieben und beschützen, für Sie den Weg frei machen und sich bestimmt liebevoll um Ihre Kinder kümmern. Hat keine ausgeprägten Marotten, lässt sich ungern auf Spielchen ein. Nimmt seine Rolle sehr ernst. Bleibt manchmal im Hintergrund, obwohl er entscheidend zum Sieg beiträgt. Bescheiden, vermutlich kein Partyhengst.
Berühmte Verteidiger der Gegenwart: Mats Hummels, Philipp Lahm, Benedikt Höwedes.

Der Torhüter:

Eine ganz besondere Spezies. Früher hieß es: Torhüter und Linksaußen haben mit dem Spiel am wenigsten zu tun. Heute hat der Keeper im Gegenteil sehr viel damit zu tun, und eine neue Generation von phantastischen Torhütern ist in Deutschland herangereift. Sie alle haben eines gemeinsam: Sie strahlen eine wunderbare Ruhe aus. Wer so einen Typ daheim hat, kann sich glücklich schätzen. Wessen Mann eine Gelassenheit wie Manuel Neuer ausstrahlt, den kann ich nur beglückwünschen. Der Typus Torhüter steht mit beiden Beinen im Leben, verliert auch in brenzligen Situationen nicht die Nerven und kann garantiert auch entspannt mit Ihren Launen umgehen. Absolut empfehlenswert!
Berühmte Torhüter der Gegenwart: Manuel Neuer, Tim Wiese, Roman Weidenfeller, Iker Casillas.

Kapitel 5

Finale

Abpfiff: Wann wirklich Schluss ist

Also über eine Sache gibt es keine zwei Meinungen: Liebeskummer ist einfach ekelhaft. Nichts kann selbst erwachsene Menschen so gründlich aus der Bahn werfen wie das ganz persönliche Herzens-Waterloo. Mag sein, dass Herzschmerz als grandioser Vorwand für ausgiebige Shoppingtouren dienen kann, aber ich verzichte lieber auf einhundert Paar Louboutins, als dass ich noch ein einziges Mal ein gebrochenes Herz erleben möchte. Und das Verlassenwerden gehört geradezu verboten. Es müsste dafür vor dem Liebesgericht meiner Ansicht nach Freiheitsstrafen von mindestens der Anzahl der Beziehungsjahre hageln.

Dutzende von Ratgebern beschäftigen sich mit Beziehungen, aber nur sehr, sehr wenige mit Trennungen. Die sind nämlich widerlich. Ehrlich.

Leider musste auch ich schon am eigenen Leib den unvermittelten Beziehungsabbruch erleben, wie das technisch gern genannt wird. Unvermittelter Beziehungsabbruch. Im Klartext: Ja, ich bin verlassen worden. Autsch. Das lässt sich irgendwie mit einem Autounfall mit Todesfolge vergleichen, nur dass der Partner eben nicht tot ist. Er ist einfach aus dem Leben verschwunden. Dummerweise wäre man beinahe froher, wenn er tot wäre, denn dann hätte er sich nicht bewusst gegen einen selbst beziehungsweise gegen die Beziehung entschieden, was doppelt weh tut.

Sie haben die Rote Liebeskarte gesehen. Ein Fußballer wird gesperrt nach allzu rüden Fouls, und Sie als Opfer müssen sich jetzt auch vor allem Zeit lassen. Zeit zum Trauern, Zeit, um den Schmerz zu bewältigen. Durchweinte Nächte und Tage gehören dazu, bei denen man durch die Gegend läuft, als sei der ganze Kopf in Watte gepackt, und in denen man darauf wartet, dass der Alptraum endlich zu Ende ist. Die Gesellschaft spricht nicht gerne darüber, aber dieser Schmerz packt uns an unseren Grundfesten, wirbelt uns wild durch den Orbit unseres Lebens und lässt uns so schnell nicht mehr los. Viele Beziehungsopfer rutschen in eine schwere Depression, so dass aus dem Liebes- ein ganzheitlicher Lebenskummer wird.

Ich hatte schon so schlimme Weinkrämpfe, dass meine Maskenbildnerin an Ihre Grenzen gestoßen ist. Stellen Sie sich mal mit rotunterlaufenen Augen vor die Kamera! Herzlichen Glückwunsch! Ständig kreisten meine Gedanken nur um die eine alles entscheidende Frage: Was habe ich nur falsch gemacht? Wie hätte ich das alles kitten können? Wo hätte ich bloß anders agieren sollen? An welcher Abzweigung bin ich nur so falsch gefahren? Vorsicht! Genau diese Selbstkasteiung macht alles bloß schlimmer.

Richtige Trauerphasen müssen Sie sich regelrecht »gönnen«, auch wenn es schwerfällt. Mir hat die Vorstellung geholfen, an der Seele erkrankt zu sein. Als ob ich eine schwere Lungenentzündung hätte. Dadurch bin ich innerlich irgendwie wieder zur Ruhe gekommen. Ich habe angefangen, mich selbst zu bemuttern. Und ich habe nach Hilfe gerufen und mir Hilfe gesucht – als erste Notfallmaßnahmen.

Es bringt nichts, direkt zum nächsten Partner überzugehen, weil mit dem neuen Mann doch nur die alten Probleme wieder auftauchen. Ihr Ex-Freund hat Sie gedemütigt? Vielleicht erniedrigt? Ihnen wirklich Schlimmes angetan? Dann haben Sie doch genügend Argumente sammeln können, warum er Sie nicht verdient hat. Das wird Ihnen garantiert auch auffallen – später irgendwann. Meine Freundin Sabine sagt immer: »In einem Jahr lachen wir darüber.« Die Zeit ist in jedem Fall Ihr bester Freund. Nutzen Sie sie!

Oder haben Sie schon einmal eine Fußballmannschaft gesehen, die sich direkt nach der Niederlage wieder in ein Spiel gegen die Siegermannschaft stürzt? ... und zwischen Hin- und Rückrunde der Bundesliga gibt es nicht zufällig sogar eine Winterpause! Da sollen die Spieler auftanken, Mannschaften werden ergänzt, alte Wunden geleckt, Trainer manchmal entlassen und neu berufen. Den Fans fällt das Warten auf den Beginn der Rückrunde schwer, aber die beteiligten Spieler sind bestimmt froh, einmal abschalten zu können, gezwungenermaßen.
Es fällt immer schwer loszulassen, was man einmal geliebt hat. Und Spieler, die die Mannschaft wechseln, sind tief im Inneren niedergeschlagen – trotz hoher Ablösesummen. Wenn SIE sich trennen wollen, sollten Sie sich daher zunächst genau fragen, was in Ihrer Beziehung nicht mehr funktioniert und was Sie frustriert.
Sie haben es vielleicht schon bemerkt: Sie haben es bei mir mit einer wahren Beziehungskriegerin zu tun. Ich kann einfach nicht fassen, wie beliebig in unserer Gesellschaft mit der Liebe umgegangen wird und wie egoistisch in Partnerschaften oft miteinander umgegangen wird. Ich will es nicht akzeptieren, genauso wie ich Trennungen nur sehr schwer hinnehmen kann und immer noch an die langfristige Liebe glaube.
Trauer, Wut und Niedergeschlagenheit – diese Gefühle kennen wir auch aus dem Stadion. Fußballer haben allerdings, anders als wir, besser gelernt, damit umzugehen. Niederlagen gehören zu ihrem sportlichen Leben einfach dazu. Es fällt ihnen daher leichter, sich wieder »positiv zu programmieren«. Männer haben in der Regel auch viel schneller wieder eine neue Partnerin. Warum so lange in der Wunde stochern?
Trennungen sind furchtbar schmerzhaft, denn sie werfen uns zurück auf einen Urzustand, vor dem wir schreckliche Angst

haben: das Alleinsein. Aber Sie sind nicht allein. Niemals. Vielleicht fühlen Sie sich einsam, aber Sie sind nicht alleine. Es gibt genügend Menschen, die sich gerne um Sie kümmern, weil Sie wunderbar sind.

Natürlich spielt das im Moment der tiefsten Verwundbarkeit keine Rolle. In den ersten Tagen können Sie froh sein, wenn Sie es überhaupt schaffen, für sich zu sorgen. Die erste Woche nach einer Trennung ist schlicht und ergreifend die Hölle. Wahrscheinlich können Sie auch gar nicht zur Arbeit gehen. Das ist völlig in Ordnung. Kein Mensch ist eine Maschine.

Auch wenn Sie es in dieser Situation nicht glauben können: Das alles geht vorbei. Der Mensch kann so viel aushalten, und auch Sie werden das überstehen. In der Psychologie spricht man von vier Trauerphasen, die jeder durchleben muss.

Phase 1: Schock. Sie verstehen die Welt nicht mehr. Gerade bei kürzeren Liebesbeziehungen kann der Schock umso schwerer wiegen, weil kein natürlicher »Ablösungsprozess« vorausgehen konnte. Partner, die sich ohnehin auseinandergelebt haben und eventuell schon länger von Tisch und Bett getrennt sind, tun sich aber nicht unbedingt leichter, sie leiden anders.

Manche wollen sich dem Schmerz sofort entziehen, gerade Männer gehen viel schneller wieder Beziehungen ein (siehe Lothar Matthäus). Sie müssen sich dann auch nicht erst lange mit sich selbst oder den eigenen Fehlern auseinandersetzen. Glückwunsch! Allerdings geraten sie dadurch gern in eine Spirale immer häufigerer Trennungen und immer kürzerer Beziehungen (siehe auch Lothar Matthäus).

Phase 2: Das Nicht-annehmen-Wollen. Sie können nicht ohne ihn, glauben Sie. Sie wollen ihn unbedingt zurück. Sie wollen einfach nicht wahrhaben, dass es vorbei ist. Das kann natürlich umgekehrt auch für ihn gelten. Liebeskummer ist eben nicht ausschließlich auf Teenie-Schwärmereien beschränkt. Es gibt wenige psychische Extremzustände, die derart viele Menschen im Lauf ihres Lebens befallen und die so schmerzhaft und verwirrend sind. Vielleicht macht es wirklich mehr Sinn, von »Lebenskummer« zu sprechen, weil jeder Erwachsene seine Geschichte in die Liebe einbringt und eben auch die Liebe Teil seiner Geschichte geworden ist.

Was macht den Kummer so schwer, dass er erwachsene Männer und Frauen zu Stalkern macht, in Mordphantasien oder schlimmstenfalls in den Selbstmord treibt? Wie kann es sein, dass Sie einem Menschen, mit dem Sie die schönsten Stunden Ihres Lebens verbracht haben, plötzlich drei fiese Schläger an den Hals wünschen, damit er am nächsten Tag im städtischen Krankenhaus aufwacht?

Es ist nicht leicht, darauf Antworten zu finden. Es liegt in der Natur der Liebe, denn sie ist irgendwie wie eine Sucht, von der man schwer lassen kann. Dazu gesellen sich vielleicht auch noch die anderen Verdammten Ihres Innenlebens, die sich mit jeder gescheiterten Liebe hinzugeschlichen haben wie blinde Passagiere. Und da sind die ureigenen Traumata, deren viele sich nicht bewusst sind. All das macht diesen undurchsichtigen Leidens-Mix so grausam.

Es kann durchaus sein, dass Sie in dieser Zeit nicht einmal mehr in der Lage sind, Ihr Haustier zu versorgen, geschweige denn sich selbst. Sie sollten in einer solchen Situation dringend Hilfe annehmen. Und zum Thema »Liebe als Droge«: Mein Vertrauens-Doc (ja genau, der bereits erwähnte Mannschaftsarzt des TSV 1860) hat damals, als ich so traumatisch verlassen wurde, zu mir gesagt: »Diesen Mann müssen Sie sich jetzt aus dem Herzen reißen. Keinen Kontakt mehr.«

Und das war ein Befehl, an den ich mich gehalten habe. Ich bin darüber hinweggekommen. Und ich kann heute nicht einmal mehr im Ansatz verstehen, was ich damals an ihm fand. Mich ärgert eher, dass ich mir bei der Auswahl wohl einfach nicht genügend Zeit genommen habe, dann wäre das alles gar nicht passiert.

Aber die alten Lehren, die das Leben einem aufdrückt, enthalten eine schlichte Wahrheit: Triff ihn nicht mehr, triff sie nicht mehr, schreib keine SMS, und warte auf keine Antwort, sondern lass los! Ein Entzug gelingt eben nur, wenn man sich nicht immer wieder der Droge aussetzt. An dieser Stelle entscheidet sich auch, ob der Liebeskummer mit einer leichten Depression endet oder sogar krankhafte Zustände annimmt. Es geht Verlassenen genau wie Rauchern: Es gibt immer wieder einen guten Grund, um erneut zur Zigarette zu greifen. Die Aufgabe ist: Finden Sie einen besseren Grund, es nicht mehr zu tun.

Manche Männer können den Schmerz nicht spüren, weil sie sich vielleicht einen Schutzpanzer antrainiert haben, sogar oft einen sichtbaren, physischen. Die einen in Form von Muskeln, bei anderen ist es eher der Bierbauch, der als Schutzschild vor Gefühlen dient. Aber bedenken Sie, liebe Herren: Wer nicht hinschaut, wer nicht auch einmal in sich hineinhorcht, bei dem wird der Schmerz eben als körperliches Problem zurückschlagen. Und da wundern sich alle über Rückenschmerzen oder über Magengeschwüre …

Die Phase 3 ist die des Annehmens. Jetzt können Sie realisieren, was passiert ist. Sie begreifen vielleicht, dass er wirklich nicht mehr zurückkommt. Auch das ist immer noch sehr schmerzhaft, aber Sie finden sich immer mehr im Leben zurecht. Sie brauchen vielleicht noch Hilfe, aber sie können langsam beginnen, das Erlebte zu verarbeiten. Dies wird einige Wochen, eventuell sogar Monate dauern. Auch hierbei ist es sehr ratsam, mit einem Therapeuten zu sprechen, der Ihnen neue Wege aufzeigen kann und dem Sie Ihre Nöte und Ängste schildern können. Gute Freunde sind auch sehr wichtig, doch oftmals können sie nicht leisten, was professionelle Hilfe bewirken kann.

Denn Sie dürfen nicht vergessen, dass Sie in solchen Notsituationen leicht einmal Ihre Freunde überfordern. Diese haben schließlich eigene Probleme und Sorgen und fühlen sich irgendwann zurückgesetzt, wenn es nur noch um Sie und Ihren Liebeskummer geht. Insofern macht es Sinn, sich einen professionellen Helfer zu suchen, der Ihnen zuhört und mit Ihnen an der Zukunft strickt.

Es tut einfach gut, ohne Angst und Voreingenommenheit mit jemandem sprechen zu können, der versteht und am Ende auch den Ursachen der Probleme auf den Grund geht. Als bei der Nationalmannschaft der Psychologe Dr. Hans-Dieter Hermann als weiteres Mitglied des Betreuerstabes vorgestellt wurde, sagte der damalige Nationaltorwart Oliver Kahn, er werde seine Dienste sicher in Anspruch nehmen. Wenn das sogar der »Titan« tut (Spitzname für Kahn), dann sollten Sie es sicherlich auch!

In Phase 4 können Sie sich wieder eine Zukunft vorstellen – auch ohne ihn. Vielleicht fragen auch Sie sich nun, warum Sie überhaupt eine Vergangenheit mit ihm hatten. Sie beginnen langsam, aus Ihrem Schneckenhaus wieder an die frische Luft zu krabbeln. Sie lernen wieder laufen, lachen und auch lieben. Das ist ja das Erstaunliche: Wir können uns wieder verlieben, auch wenn es in den Phasen 1, 2 und 3 außerhalb unserer Vorstellungskraft liegt.

Wir haben alle ein Recht auf Glück! Denken Sie daran.

In dieser Zeit werden Sie viel über sich selbst lernen und sich schwören, dass Sie sich nie wieder so fühlen wollen. Eine Garantie dafür gibt es leider nicht, aber Sie können einiges dagegen tun.

Ach bitte, tun Sie mir einen Gefallen: Auch wenn ich grundsätzlich von Mantren wie: »Ich liebe mich selbst«, überhaupt nichts halte, so bitte ich Sie dennoch, sich in Zeiten des großen Schmerzes einen Zettel an die Tür zu heften, auf den Sie schreiben: Ich bin liebenswert.

Es gibt – jauchz – auch eine gute Nachricht: Wer wirklichen Liebeskummer durchlebt hat, für den wird die nächste Liebe mit Sicherheit viel wertvoller werden. Die Partner sind dankbarer füreinander, sie leben mehr im Jetzt, sie stellen die Liebe nicht mehr vor unlösbare Aufgaben, und sie versuchen nicht mehr, hundertprozentiges Glück ausschließlich in der Beziehung zu finden.

Und noch eine gute Nachricht: Sie haben immer Liebe zu geben, Sie tragen sie in sich, und Sie haben es verdient, geliebt zu werden. Denn die Liebe steckt in Ihnen. Sie können diese Liebe nie verlieren, und diese kann Sie nie verlassen.

Kurz und schmerzlos, so wollen es die Fußballregeln. Ein Pfiff, und der ganze Spuk ist vorbei. Oft gibt es eine Nachspielzeit, vielleicht auch noch ein Elfmeterschießen, aber spätestens danach ertönt er, der rettende Pfiff. Im wirklichen Leben müssen Sie selbst ihn ausstoßen, sich diesen Abpfiff gönnen. Erst wenn das eine Spiel beendet ist, kann das Leben wieder seinen Lauf nehmen. Oder wie der Weltmeister-Trainer von 1954, Sepp Herberger, sagte: Nach dem Spiel ist vor dem Spiel …

Nachspielzeit: So holen Sie ihn zurück

Er zählt zum Hochadel unter den Fußballfans: Prinz William. Er selbst spielt zwar lieber Polo, aber er lässt sich gerne lächelnd mit David Beckham fotografieren (kleiner Einwurf an dieser Stelle: Ich habe David Beckham das letzte Mal in Mailand zufällig getroffen, und, liebe Damen, er sieht wirklich unglaublich gut aus) und sitzt im Stadion, wenn die englische Nationalmannschaft spielt.

Natürlich verkörpert Prinz William nicht den Prototyp des Fußballfans, aber er gehört zu den besten Beispielen, wenn es darum geht, wie Frau einen Mann zurückerobern kann. Denn vor einigen Jahren hat Prinz William mit seiner jetzigen Angetrauten, Herzogin Katherine, damals noch schlicht Kate Middleton, genannt »Waity Katy« (wartende Katy), dreisterweise einfach Schluss gemacht. Vielleicht auf Druck der Queen, aber eigentlich macht es das ja nur noch viel schlimmer und charakterloser, wenn der Enkel sich so von Omma beeinflussen lässt …

Die Klatschpresse freute sich, der Boulevard rieb sich die Hände, und alle Welt wartete nun auf die Trauerfotos von Kate und vor allem auf das erste Schlammschlacht-Interview, für das sie sicherlich eine Millionensumme hätte kassieren können.

Doch was tat die gute Kate? Erst einmal gar nichts. Sie trauerte und litt im Verborgenen, aber als die ersten Tränen getrocknet waren, zog sie sich schick an, ging in einen Londoner Nobelclub und ließ sich beim Tanzen in einem kurzen, aber auch nicht zu kurzen Rock fotografieren. Cool, sexy und versehen mit einer ganz einfachen Botschaft: Das wäre Ihr Preis gewesen, lieber Prinz …

Auch ohne Kate zu kennen, verwette ich mein komplettes Hab und Gut darauf, dass diese Frau nicht weinend und zeternd vor dem Buckingham Palace um Einlass bat. Ganz sicher hat sie ihn weder mit Telefonterror belagert, noch ist sie ihm nachts durch die halbe Stadt hinterhergefahren. Sie hat, obwohl sie sicherlich sehr verletzt war, ihre Würde behalten und ihm gezeigt, was er in Zukunft vermissen würde.
Auch hat sie bewusst kein Interview gegeben, dazu war sie viel zu schlau, denn die clevere Kate wusste ganz genau, was sie wollte: Sie wollte ihren Prinzen zurück – und sie wollte ihre Krone.
Ein falsches Wort, ein falsches Foto in der Presse, und sie hätte ihren Prinzessinnentraum für immer begraben können. So aber blieb es bei ebendiesem Foto, das William so herrlich rasend machte. Und dann stellte Kate es geschickt so an, dass sie mit wechselnden Männern ausging – und die alle hatten Klasse –, aber übertrieben hat sie es nie.
Sie erweckte kein einziges Mal den Eindruck, krampfhaft ihrem Ex beweisen zu wollen, wie locker sie über die Trennung hinwegkäme. Sie wirkte immer authentisch und entspannt. Sie gönnte sich nicht zu viele Dates, aber genug, um William anständig eifersüchtig zu machen. Sie ging nicht zu viel aus, aber oft genug, um deutlich zu machen, dass sie wieder auf dem Markt war – und dort riss man sich um sie. Kate studierte fleißig und hatte doch ihr Ziel genau im Blick: die Rückeroberung des Prinzen.
Von Herzogin Katherine können wir eine Menge lernen, liebe Damen!

Regel Nummer 1: Machen Sie sich um gar keinen Preis zum Affen.

Auch wenn Sie es unbedingt wollen und Ihnen nichts lieber wäre als das klärende Gespräch: Ist eine ernstgemeinte Trennung vorausgegangen, brauchen beide Partner etwas Ruhe. Eine gewisse Zeit Funkstille tut not. Gut Ding will Weile haben, sagt der Volksmund. Männer sind Verdrängungsweltmeister, sie können sich besser wieder auf »Sachthemen« wie Job oder Sport konzentrieren, während wir Frauen uns dagegen in Sachen Emotionalität verdienen. Vierundzwanzig Stunden am Tag die Gedanken um den Verflossenen kreisen lassen? Überhaupt kein Problem. Den Job vernachlässigen, sich selbst, das Aussehen, die Wohnung? Funktioniert, als hätte man nie etwas anderes gemacht. Aber wollen wir wirklich so leben? Ich schätze – ähm: nein.

Grund genug, selbst einmal mehr den Blick auf sich und die eigenen Themen zu richten. Was wollen Sie für Ihr Leben? Was wollen Sie wirklich? Was tut Ihnen gut?

Mein Rat: Lassen Sie sich Zeit. Der Ball ist rund, und das Spiel dauert neunzig Minuten. (Hat auch Sepp Herberger mal gesagt, können Sie gerne als Zitat für die Ewigkeit abspeichern …)

Sicher hat sich auch Kate so manches Mal in den Finger beißen müssen, um nicht Williams Handynummer zu wählen, aber sie hat es nicht getan, und Sie sehen, wie weit sie damit gekommen ist.

Auch für Ihren Stolz ist es gewiss weitaus besser, wenn Sie ihm nicht hinterherlaufen. Sollte es gar nicht anders gehen, weil Sie dringende, wirklich (!) dringende Dinge zu besprechen haben, verabreden Sie sich an einem neutralen Ort und

zu einem für beide passenden Zeitpunkt. Auch der Ex-Partner hat ein Recht auf sein Leben und freie Zeiteinteilung. Sie sollten sich aber darüber klar sein, dass so ein Wiedersehen auch entgegen Ihren Erwartungen »nach hinten losgehen« (kein Zitat von Sepp Herberger) kann.
Wenn Sie sich danach besser fühlen, fein. Trotzdem möchte ich Ihnen raten, Ihre Panik auszusitzen. Auch der höchste Stresslevel wird wieder sinken (denken Sie an Ihre Stresslevel-Notizen! Kapitel »Richtig streiten«).
Es gibt einige Männer, die nach der Trennung zweifeln, ob der Entschluss richtig war. Dann ist es an Ihnen, den Kontakt aufzunehmen. Aber mal ehrlich: Eigentlich haben in dem Fall doch Sie Schluss gemacht, oder?

Regel Nummer 2:
Immer die Ruhe bewahren.

Sie sehen auf Facebook, dass er eine neue »Freundin« angenommen hat? Er »postet« Sauffotos von sich und seinen Freunden? Lächeln Sie darüber. Das hat alles überhaupt keine Bedeutung. Warten Sie ab. Erstens lösen Sie dann nicht bei all Ihren Freunden Großalarm aus und müssen im Fall einer Versöhnung wieder zurückrudern. Zweitens können Sie sich in der Zeit darüber klarwerden, was Sie wirklich wollen. Und welche Veränderungen Sie sich wünschen. Drittens müssen Sie ja nicht auf all seine spätpubertären Sperenzchen eingehen. Anscheinend hat er ein größeres Ego-Problem!
... und wer mit der Roten Karte vom Platz gestellt worden ist, tut gut daran, sich nicht gleich am nächsten Tag mit blöden Reden in der Presse hervorzutun. So mancher Fußballer hat diese Art Publicity schon sehr bereut.

Regel Nummer 3: Alles in Maßen.

Natürlich dürfen auch Sie mal über die Stränge schlagen – es soll ja genauso Fußballer geben, die nach einer Niederlage zum Partymachen neigen –, aber gehen Sie nicht zu viel aus. Halten Sie vor allem Maß mit Alkohol, der verstärkt schlechte Stimmungen. Arbeiten Sie nur mit halber Kraft, aber riskieren Sie nicht Ihren Job, sonst haben Sie gleich noch ein Problem mehr, das Sie nicht gebrauchen können. Bestellen Sie sich Lebensmittel im Internet, falls die Lustlosigkeit zu groß wird, aber halten Sie den Kühlschrank zumindest halb gefüllt. Wenn er plötzlich vor der Tür steht, soll er schließlich nicht das Gefühl haben, Ihnen sei das Leben entglitten. Und das ist ja eigentlich auch nicht wirklich der Fall, oder?

Regel Nummer 4: Halten Sie ihn im Ungewissen.

Im Fußball heißt es: den Ball flach halten. Einen flachen Ball bekommt man tatsächlich schneller wieder unter Kontrolle. Wenn er sich also tatsächlich nach der Trennung wieder meldet – was er sicherlich tut, wenn er von Ihrer Coolness und Eigenständigkeit Wind bekommt –, gehen Sie nicht ran! Sie gehen nicht ran! Aus, Schluss, Ende! Erst beim dritten Mal. Punktum. Hallo, ich bin mir sicher, Kate hat William erst nach vielleicht fünf Anrufen eine SMS geschickt, aber eher bestimmt nicht. Wenn nun Ihr Fast-Ex Sie um ein Treffen bittet, sind Sie wahnsinnig verplant und bieten einen Termin in Minimum drei Tagen an. Eine Woche wäre am besten, aber herrje, wir sind ja keine Roboter. Vielleicht verschieben Sie das Date ja zwischendrin noch einmal, weil Sie ja so furchtbar beschäftigt sind.

Regel Nummer 5: Männer heiraten Sie erst, wenn sie Angst haben, Sie zu verlieren.

Ende zwanzig können Heiratsanträge noch aus sehr romantischen Motiven entstehen. Logo, auch später sollten sie das noch, doch die meisten Partner, die nach zehnjährigem Beisammensein den Bund fürs Leben schließen, haben pragmatischere Gründe: die Steuer; Kinderwunsch; sich einfach noch mal was bestätigen, vor anderen, vielleicht auch vor Gott. Das ist dann weniger pragmatisch, aber eigentlich nicht wirklich superromantisch.

Männer heiraten in der Regel eher ungern, und deswegen tun sie es oft nur dann, wenn sie ihre Felle davonschwimmen sehen. Heiratsanträge bei Versöhnungsversuchen sind absolut keine Seltenheit. Wenn Sie also bei den vorherigen Punkten konsequent geblieben sind, steigen die Chancen, dass es nach einer Versöhnung richtig ernst wird. Bis dahin sollten Sie sich aber darüber im Klaren sein, ob Sie seine samstäglichen Ausflüge ins Stadion wirklich ertragen oder nicht. Gehen Sie doch samstags zum Kung-Fu. Da wird er sich anständig wundern – und Sie können sich wehren.

Vielleicht beauftragen Sie einen alten Freund, Ihnen bei Ihrem nächsten Treffen mit dem vermeintlichen »Ex« ein paar Nachrichtigen aufs Handy zu schicken. Zeigen Sie ihm, wie begehrenswert Sie sind und dass sich auch noch andere Männer für Sie interessieren. Das wird ihn zum Umdenken bewegen, Sie werden sehen …

Regel Nummer 6:
Stellen Sie die Spielregeln auf!

Sie sind Ihr eigener Spielmacher. Denken Sie daran, wenn er reumütig mit Blumen vor Ihrer Tür steht. Lassen Sie sich auf gar keinen Fall auf Versöhnungssex ein. Erst müssen Sie reden, und zwar über Ihre Beziehung. Was sind die Ursachen für Probleme, ist jetzt wirklich jeder bereit, auch mal eigene Fehler anzuerkennen und ein Stück weit mehr dieser Beziehung zu vertrauen?

Kämpfen Sie für die Dinge, die Ihnen wirklich etwas bedeuten. Legen Sie um Himmels willen Prioritäten fest. Sie können Ihren Partner nicht ganz umkrempeln oder vollkommen neu erfinden. Dann müssten Sie sich einen Neuen suchen. Aber Sie sollten versuchen, in aller Liebe ein paar Regeln aufzustellen, an die sich dann beide halten.

Der Fußball unter der Woche nervt Sie wirklich zu sehr? Okay, er muss Sie für jeden Fußballabend einmal zum Essen ausführen. Der Samstag ist ausgenommen von der Regel. Aber er soll Ihnen gefälligst das Gefühl geben, dass Sie seine Nummer eins sind. Und wenn nicht jetzt, wann dann?

Verzeihen Sie Ihm vieles, aber eben nicht alles. Was denn jetzt genau? Nun, jeder hat seine ureigenen Grenzen, da ist es schwer, Ratschläge zu geben. Aber eines ist klar: Auf Dauer werden Sie nur mit Akzeptanz und Hingabe glücklich. Akzeptieren Sie sich und Ihren Partner, so wie Sie sind. Die Modelle sind nicht umtauschbar. Manchmal hätte ich gerne ein anderes Hirn, aber ich wurde exakt mit diesem bestraft. Pech gehabt.

Nach der Niederlage: Alles Schlechte hat sein Gutes

Zunächst einmal: Niederlagen sind Definitionssache. Sonst würde so mancher Fußballklub gar nicht mehr mitmachen (auch Tasmania Berlin, die schlechteste Bundesligamannschaft aller Zeiten, musste damals ihre Saison zu Ende spielen), und elf Spieler würden den Kopf in den Rasen stecken, statt munter wieder aufzulaufen.

Auf einer schicken Party nicht auf der Gästeliste zu stehen ist für manche Menschen ein Segen, für andere schlicht eine Katastrophe. Ihre Konkurrentin bekommt einen Job, den Sie gerne hätten? Autsch, ja, das tut weh, kann sich aber auch als wunderbare Begebenheit erweisen.

Eine Affäre entwickelt sich nicht zur großen Liebe? Das hätten Sie auch vorher wissen können, wenn Sie dieses Buch schon gelesen hätten. Sie verspekulieren sich an der Börse und verlieren eine ganze Menge Geld? Je nach existenzieller Tragweite wirklich ätzend, zugegebenermaßen.

Erster Punkt im Umgang mit Niederlagen: Sie dürfen sich verdammt noch mal ärgern. Und wenn es sein muss, auch dolle. Reden Sie drüber, machen Sie Ihrem Ärger Luft. Wenn Sie ein Kind wären, würden Sie ja auch zu Ihren Eltern laufen. Jetzt sprechen Sie mit Ihren Freunden. Lassen Sie sich nicht abspeisen mit dem typischen: Alles halb so wild. Sie haben ein Urrecht auf Ihre Gefühle.

Oft verfallen wir ja sofort in alte Muster, unterliegen unserem Verdrängungsmechanismus: Ach, der oder das hat es eh nicht sein sollen. Das hilft aber auf lange Sicht nicht weiter, dadurch schieben Sie nur Ihr Inneres beiseite. Das wird sich rächen. Viel mehr Sinn macht es, innezuhalten

und genau in sich selbst hineinzuhören, wo es nun genau schmerzt.
Verletzte Eitelkeit ist völlig in Ordnung, verletzter Stolz, all das sind uralte Gefühle, fragen Sie mal einen Fußballer. Von daher sind Ihre Gewaltvisionen, in denen Ihre Chefin die Hauptrolle spielt, die ausgerechnet Ihre Kollegin befördert hat und nicht Sie, vollkommen nachvollziehbar. Sie müssen nicht gleich ein Killerkommando anheuern, aber Sie dürfen zehnmal vor sich hin murmeln: Das Spiel dauert neunzig Minuten, das Spiel …
Niederlagen einzustecken kann sehr unangenehm sein, und es macht auch keinen Sinn, etwas zu beschönigen, wo es nichts zu beschönigen gibt. Wenn Sie all Ihr Erspartes verlieren, ist das mit Verlaub riesengroßer Mist. Punktum.
Jetzt kommt aber der schwierigste Punkt im Umgang mit Niederlagen: Sich selbst anzunehmen und sich selbst zu verzeihen. Meistens ist ja gar nichts geschehen. Wenn jemand anders Sie im Job überholt, ändert sich trotzdem nichts an Ihrer Position.
Wenn Sie Geld verlieren, müssen Sie eventuell in eine kleinere Wohnung ziehen, aber auch das lässt sich regeln. Wenn Sie einen Freund oder eine Freundin verlieren, wird ein anderer Mensch an deren Stelle treten. Ihre innerliche Erschütterung wird wieder der Zuversicht weichen. Seien Sie sich dessen gewiss.
Immer aufs Neue stelle ich im Umgang mit unangenehmen bis unerträglichen Situationen fest: Sobald man akzeptiert, dass man im Schlamassel steckt, geht es schon wieder aufwärts. Akzeptanz ist ein Schlüssel im Umgang mit Niederlagen.
Nehmen wir eine Kleinigkeit: Sie hatten einen wichtigen Pitch im Beruf, Sie haben wunderbar präsentiert, und doch bekommt ein Konkurrent den Auftrag. Ärgerlich. Wirklich

ärgerlich. Weil wir Frauen aber gelernt haben, dass Ärger und Wut nicht ladylike sind, versuchen wir, diese Gefühle gar nicht erst an uns heranzulassen.
Atmen Sie tief durch und akzeptieren Sie, dass es Ihnen in diesem Moment schlechtgeht. Dass Sie enttäuscht, wütend und traurig sind. Bleiben Sie bei Ihrem Gefühl, und lassen Sie es zu. In unserer Welt voller glücklicher Gesichter auf Plakaten, in Zeitschriften und in der Werbung wird uns suggeriert, dass wir andauernd und jeden Tag pumperlglücklich sein sollen.
Aber das ist doch bei reiflicher Überlegung totaler Quatsch. In der Literatur finden sich Tausende melancholischer Gedichte, durchdrungen von Trauer und Schmerz. Viele Menschen fühlen sich einsam und unverstanden, viele leiden unter ihrer Lebenssituation. Für die Mehrzahl der Menschen auf der Welt geht es immer noch ums Überleben.
Akzeptieren Sie es, wenn Sie sich nicht gut fühlen. Und schon werden Sie spüren, wie sich langsam ein innerer Frieden einstellt. Wer verlangt denn von Ihnen, dass Sie nur Erfolge feiern und dass Sie den ganzen Tag gut drauf sind? Sie selbst vielleicht?
Uffi, lassen Sie das, das ist einfach viel zu anstrengend. Sie haben ein Recht auf einen schlechten Tag. Sie dürfen sich ärgern. Sie dürfen wütend sein. Merken Sie sich das! Frei nach Lothar Matthäus: »Ich hab gleich gemerkt, das ist ein Druckschmerz, wenn man drauf drückt.«
Niederlagen sind relativ. Also denken Sie dran: »Sie sollten das Spiel nicht zu früh abschalten, es kann noch schlimmer werden« (Fußballkommentator Heribert Faßbender). Während Sie den besseren Job diesmal nicht bekommen, wird an anderer Stelle vielleicht sogar jemandem gekündigt. Das bedeutet: Wir vergleichen gern unsere Position und speisen so unser Wohlbefinden. Schließlich geht es anderen ja schlechter. Doch was

bedeutet das eigentlich? Geht es Ihnen jetzt besser? Ja, definitiv! Überlegen Sie mal, wenn Sie an den Olympischen Spielen teilnehmen würden und kämen auf den dritten Platz. Sie wären damit definitiv am glücklichsten, denn Sie wüssten immer: Vierter Platz ist richtig Kacke, gibt garantiert keine Medaille.

Gehen Sie im Übrigen davon aus, dass die meisten Lebensumstände mangelhaft sind. Sie sind nicht allein. Obwohl sich in Deutschland, Frankreich und Großbritannien die Realeinkommen seit Ende des Zweiten Weltkriegs mehr als verdoppelt haben, sind die Menschen keineswegs glücklicher. Und Multimilliardäre verfügen über ganz ähnliche Zufriedenheitswerte wie ostafrikanische Massai, die mit ihren Rindern und Hütten aus getrocknetem Kuhdung in der kenianischen Steppe leben.
Im Fußball erlebten die Bayern in Barcelona 1999 mit dem in letzter Sekunde verlorenen Champions-League-Finale (ich habe bereits davon berichtet) das größte sportliche Waterloo ihrer jüngeren Geschichte. Viele Fachleute bezeichnen diesen Abend im Stadion Camp Nou als die »Mutter aller Niederlagen«. Im tiefen Schmerz einer Niederlage stellen wir doch aber immer wieder fest, wo unsere wahren Wurzeln liegen, auf wen wir uns verlassen können und dass unser Leben eben auf mehreren Säulen ruht (siehe Kapitel »Abwehr, Mittelfeld, Sturm«).
Zufriedenheit entsteht auch, wenn Sie anderen helfen. Klingt vielleicht merkwürdig, aber wenn Sie einen Hund aus dem Tierheim eine Stunde ausführen, wird Ihnen das vermutlich mehr positive Energie geben als drei Stunden Shopping, bei denen am Ende nur der Geldbeutel leer ist. Helfen Sie beim örtlichen Fußballverein (Ihr Freund wird Augen machen), beschäftigen Sie sich mit älteren Menschen, machen Sie einen Be-

such im Seniorenheim. Und im Handumdrehen schrumpfen Ihre Niederlagen, und aus K. o.-Kriterien werden werden kleine Lebens-Stolperfallen. Wer Silvester mit seinem an Demenz erkrankten Vater im Altenheim verbringt, fühlt sich am Ende besser als der Yuppie auf der Schickimicki-Party.

Mein Vater hat immer gesagt: »Es ist keine Schande hinzufallen. Es ist nur eine Schande, nicht mehr aufzustehen.« Ein kluger Mann. Versuchen Sie bitte, mit Ihrer typisch weiblichen Selbstgeißelung aufzuhören. Wer perfekt bis in die Haarspitzen ist, tut sich natürlich schwer mit dem Gedanken, irgendwo die Nummer zwei zu sein. Aber meine Damen, das ist doch überhaupt nicht schlimm. Niederlagen einzustecken zählt ganz sicher nicht zu den leichtesten Aufgaben im Leben. Aber trösten Sie sich mit einem Fußballzitat: »Man darf jetzt nicht alles so schlechtreden, wie es war« (Fredi Bobic).

Nach dem Spiel ist vor dem Spiel: Auf ein Neues

Sie haben seine Schalke-Fahne rituell verbrannt oder die Werder-Bettwäsche in kleine Putzlumpen umfunktioniert? Die Voodoo-Puppe trägt sein FCK-Trikot? Das Display seines iPhones knirscht beim Bersten unter Ihren Highheels? Aha, ich verstehe, Sie sind sauer!

Vermutlich zu Recht. Ein kleiner Racheakt muss doch erlaubt sein. Moralisch inkorrekt? Na ja, Sie sollen ja nicht wie diese ehemalige TLC-Sängerin gleich sein Haus abfackeln! Da kommen Sie im schlimmsten Fall in den Knast, in Ihrem Leben weiterhelfen wird Ihnen das aber sicher nicht.

Über Jahrhunderte haben Rachegelüste die Weltpolitik bestimmt, Kriege ausgelöst und das Handeln der Menschheit verändert. Heutzutage gilt, sich zu rächen, als grob verwerflich. Natürlich sollen Sie Ihrem Ex keineswegs körperlichen oder finanziellen Schaden zufügen. Aber wenn er Sie übel verletzt hat, verschafft Ihnen eine rituelle iPod-Zerstörung sicherlich ein kleines Hochgefühl. Und diese dämlichen House-Songs oder diesen Deutsch-Hip-Hop mochten Sie ohnehin noch nie!

Die gute Nachricht: Wenn Sie sich dieser Nickligkeiten entledigt haben, können Sie so langsam auch nach vorne schauen. Die Trauerphase 4 ist erreicht, und Sie beginnen endlich mit der Neuordnung Ihres Lebens. Großartig! Glückwunsch dazu!

Das bedeutet natürlich auch, dass Sie nicht gleich alle alten Fehler wieder machen sollten. Stellen Sie sich vor, dass Sie endlich die Möglichkeit haben, Ihr »Lebenshaus« so auf Ihr Fundament zu stellen, wie Sie es möchten. Und dazu gehört

natürlich ein Mann. Ist doch klar, dass niemand auf ewig alleine leben möchte.
Aber der nächste sollte besser zu Ihren Macken passen als der vorherige. Seien Sie gewiss, Sie selbst werden sich kaum ändern können. Nach einer Schweizer Studie sind Trennungen nämlich dann vorprogrammiert, wenn sich die Partner nicht ähnlich genug sind. Bedeutet: Zwei egozentrische, unordentliche und spießige Vollidioten mit Kontrollzwang können es genauso gut miteinander aushalten wie zwei ordnungsliebende, reiselustige, weltoffene und tolerante Partner.
Es funktioniert aber dann nicht, wenn der eine gerne die Welt erobert und der andere am liebsten im Schrebergarten Gurken erntet. Wenn er Fußballfan ist und Sie nicht, macht das allerdings gar nichts. Das sollten Sie in diesem Buch aber schon gelernt haben. Sie sind schließlich schon weit gekommen!
Entscheidend bei der nächsten Partnerwahl ist viel eher, dass Sie sich Zeit lassen und Ihre Chancen sehen. Ich gebe zu, ich habe unter meinen Freundinnen auch einige Dauersingles.
Wobei ich mich oft frage, warum. Doch dann sehe ich die Ansprüche, die Frauen und Männer mittlerweile in einer Single-Hochburg wie München aneinander stellen, und kann nur noch verzweifelt den Kopf schütteln.
Er soll gut aussehen, gutes Geld verdienen, jederzeit Gentleman sein, ihr jeden Wunsch von den Augen ablesen, kinderlieb sein, eigenständig und doch anschmiegsam, ein bisschen Macho und doch noch mehr einfühlsamer Partner, aber nur, wenn es gerade wichtig ist, im Bett natürlich großartig, er soll den Unterschied zwischen Tiffany und Hermés kennen, einen lässigen Kleidungsstil pflegen, aber dennoch klassische Anzüge im Schrank haben, ein hübscher Wagen wäre auch schön, nicht zu protzig, aber bitte auch nicht das bloße Understate-

ment, er muss weltoffen und gebildet, trotzdem bodenständig und häuslich sein, immer souverän und trotzdem emotional. Wenn er sich auch noch mit sich selbst beschäftigen könnte, wäre das auch toll. Habe ich schon den Doktortitel erwähnt?

Ach du je, um Himmels willen! Wie soll ER das schaffen? Schwierig, beinahe unmöglich. Das wäre so, als wollten Sie im Fußball einen Klon aus Netzer, Messi, Özil, Pelé und Beckenbauer schaffen. Wenn es den gäbe, wäre er der bestbezahlte Kicker aller Zeiten. Solche Ansprüche können kaum menschliche und auch keine männlichen Wesen erfüllen.

Nehmen Sie nicht den Erstbesten, der Ihnen über den Weg läuft, auch wenn er verspricht, Ihnen die Sterne vom Himmel zu holen. Wenn ein Mann nach drei Tagen schon von Liebe spricht, hilft leider nur eines: Reißaus nehmen. Die Chance, dass es sich um einen Freak handelt, ist sehr groß. Lassen Sie es langsam angehen. Warum? Um mit einem Kosmetikkonzern zu sprechen: Weil Sie es sich wert sind.

Sie haben jetzt die Möglichkeit, alles besser zu machen. Nehmen Sie sich definitiv vor, sich emotional nicht mehr so früh zu verstricken. Lassen Sie Ihn auf sich zukommen, lecken Sie Ihre Wunden. Sonst ergeht es Ihnen so wie beim letzten Mal: Sie setzen Ihre rosa Brille auf, sehen einen Aston Martin und bekommen am Ende einen verrosteten VW Käfer (wobei der ja noch liebenswert wäre).

Wenn Sie sich wundern, warum manche definitiv doofen Frauen tolle Männer haben, verheiratet sind und Kinder haben und Sie nicht – dann könnte es daran liegen, dass diese Frauen einfach ihre Kerle sorgsamer und nach anderen Kriterien ausgewählt haben.

Haben Sie überhaupt schon einmal sorgsam ausgewählt? Eine große Hollywood-Diva hat einmal gesagt: »Frauen verlieben sich in die Männer, die sich in sie verlieben.« Da ist schon was dran. Viele Frauen sind wie wunderbare Blumen: Sie lassen sich einfach so am Wegesrand pflücken, vom Erstbesten, der vorbeikommt. Dann verblühen sie, und die Männer werfen sie wieder weg.

Sie hingegen haben nun das Glück, sich den nächsten ganz genau anschauen zu können.

Fragen Sie sich ehrlich, vielleicht mit einem Blick in den Spiegel, was Sie wirklich wollen. Welche Eigenschaften sind Ihnen an einem Mann wichtig und worauf können Sie verzichten? Was stillt Ihren emotionalen Hunger, und wo sind Sie ohnehin stabil aufgestellt?

Am Ende des Tages wollen Sie doch ein ganzes Leben mit ihm verbringen, da sollten gewisse Bedürfnisse schon befriedigt werden. Auch wenn Sie an Wiedergeburt glauben sollten – wenn Sie dann im nächsten Leben als Sandwespe zur Welt kommen, gibt es andere Probleme mit dem Traummann. Also sollten Sie jetzt ran, alles andere ist Zeitverschwendung. Das alles, meine Damen, ist keine Generalprobe! Sondern ihr Leben!

Widmen wir uns an dieser Stelle kurz einem neuen Phänomen, das in Ihrem Leben vielleicht auch eine wichtige Rolle spielen könnte: Internet-Dating.

Meine Freundin Corinna hat die Suche nach dem Traummann im Netz extrem professionell durchgezogen und war nach neun Monaten verheiratet und nach 12 Monaten Mutter. Chapeau. An Weihnachten bekam ich eine Karte von ihr – auf der prangten ihre drei Söhne! Mit dem Hinweis, wir sollten uns mal wieder treffen, bevor alle ihre Kinder eingeschult seien. Machen wir auf jeden Fall, versprochen!

Auch meine Freundin Kara hat gute Erfahrungen gemacht. Es ist zwar nicht der Mann fürs Leben dabei herausgesprungen,

aber zumindest hat sich eine gute Freundschaft entwickelt. Bei Corinna hat es deshalb so gut funktioniert, weil sie genau wusste, was sie wollte. Sie hat wunderhübsche, aber dennoch sehr natürliche Fotos plaziert, und sie hat gutes Eigenmarketing betrieben. Parallel ging sie mit ausgewählten Männern aus, am Ende entschied sie sich für Constantin.
Mit ihm ist sie mittlerweile seit fünf Jahren glücklich verheiratet. Corinnas Masterplan war so einfach wie genial: sich nicht blenden lassen, sich eine Auswahl schaffen und dann auch realistisch bleiben.
Corinna war damals knapp vierzig, und sie wollte schnell Kinder. Also suchte sie offen nach einem Mann, der da mit ihr auf einer Wellenlänge lag. Was nützt dir der smarte Jüngling, mit dem man eine tolle Affäre haben kann, wenn innerlich die biologische Uhr laut wird wie eine Alarmsirene?
Ob es am Ende funkt oder nicht, lässt sich nicht beeinflussen. Doch die Chancen stehen gar nicht schlecht. Man weiß schließlich schon vorher, ob die Interessenlage einigermaßen stimmig ist. Daraus ergeben sich garantiert für den Abend die gleichen Gesprächsthemen, und in einem Punkt können Sie sich relativ sicher sein: Auch er sucht eine feste Bindung. Natürlich gibt es auch dort, in der virtuellen Realität, ziemlich viele Blender, doch die gilt es eben auszusortieren.
Einige Beziehungen entstehen auch über Facebook, doch was dieses soziale Netzwerk angeht, glaube ich, dass es Beziehungen eher schadet als nützt. Zum einen wegen der vielen Möglichkeiten und zum anderen aufgrund der Tatsache, dass die Wahrheit ans Licht kommt darüber, was Ihr Freund an einem Abend, an dem er angeblich alleine ausgegangen ist, wirklich gemacht hat. Wenn die herrlichen Sauffotos von »gemeinsamen Freunden« ins Internet gestellt werden oder sich Damen an den Liebsten klammern, die man noch nie gesehen hat …

Mittlerweile glauben Experten, dass Facebook zu den größten Beziehungskillern gehört.
Ein anderes Fallbeispiel: Mein Kumpel Alexander ist im vergangenen Jahr extra zu seiner Liebsten nach Leipzig gezogen. Ja, Sie haben richtig gelesen: nach Leipzig. Für die Liebe. Leider war die Liebste eher von der misstrauischen Sorte, und so gab er ihr irgendwann, um ihr zu beweisen, dass er keine Geheimnisse hat, die Zugangsdaten für seinen Facebook-Account. Erster Fehler.
Zweiter Fehler: Er hatte vergessen, eine Unterhaltung zu löschen, die er dort mit einer anderen Frau führte. Anscheinend eine relativ eindeutige.
Seine Freundin hat ihm daraufhin noch eine Notiz auf dem gemeinsamen Küchentisch hinterlassen: Sie hoffe, eine solche Demütigung nie wieder ertragen zu müssen, und dann ward sie nie mehr gesehen. Wer war jetzt schuld? Sicherlich Alexander, weil er sich auf ein virtuelles Spielchen eingelassen hat, aber auch, weil Facebook eben zu diesen Fehltritten verleitet. Und finden Sie nicht auch, dass es furchtbar nervt, wenn Ihr Freund dauernd nach Hause kommt und von den ganzen »alten Freundinnen« quatscht, die ihn auf dem doofen Fratzenbuch kontaktiert haben?
Manchmal denke ich auch, dass die globale Weltproduktivität durch Facebook um mindestens 15 Prozent gesenkt wurde, aber beweisen kann ich das natürlich nicht.
Aber kommen wir zurück zur Suche nach dem neuen Mann in Ihrem Leben.
Sollten Sie sich gerade von einem Fußballfan getrennt haben, wird Ihnen die Fußballkneipe keinen Spaß machen. Aber alleine auf dem Sofa werden Sie eben nur im Internet jemanden kennenlernen. Verabreden Sie sich mit Ihren Freundinnen, legen Sie Wimperntusche, Rouge und Lipgloss auf (die definitiv

drei besten Freunde einer Frau) und stürzen sich ins Getümmel.
Schauen Sie sich um, es gibt laut Statistiken alleine in Deutschland rund zwölf Millionen männlicher Singles. Das ist doch eine irrsinnige Auswahl. Stellen Sie sich vor, es gäbe bei eBay zwölf Millionen Paar Schuhe. Da würden Sie sich doch auch zurechtfinden, oder?
Das erste Ziel lautet: Sie schaffen sich mindestens drei Verehrer an. Keiner von den dreien muss zwingend in Ihr Beuteschema passen. Im Gegenteil, das erscheint sogar kontraproduktiv, denn dann geht das ganze Drama ja sofort wieder von vorne los. Natürlich kann es sein, dass sich später etwas zwischen einem der Herren und Ihnen entwickelt, aber gut Ding will eben Weile haben.
Fallbeispiel: Meine Freundin Birgit hat ihren Freund eine gefühlte Ewigkeit zappeln lassen. Ehrlich gesagt, wusste sie einfach über einen großen Zeitraum nicht, ob sie ihn wirklich wollte. Bislang waren immer narzisstische, gutaussehende Männer an ihrer Seite gewesen, die sich Knall auf Fall von ihr getrennt hatten. Einer hatte sie sogar sitzen lassen, während sie die Willkommens-Schilder für die gemeinsame Einzugsparty bastelte. Was für ein Mistkerl!
Bei Dirk war es anders. Er war kein Womanizer, hatte aber immer tolle Frauen an seiner Seite gehabt. Dirk war wie eine Art sanfter Terminator, er ließ einfach nicht locker, aber ohne ihr die Luft zum Atmen zu nehmen. Er bemühte sich, und nach rund sechs Monaten (!) waren die beiden ein Paar. Mittlerweile wohnen sie zusammen. Hochzeit keinesfalls ausgeschlossen. So wie man es sich wünscht.
Aber zurück zur Dating-Phase. Zugegeben, es kann lästig werden, und nach einigen erfolglosen Versuchen kann sich Frust einstellen, wenn Sie den Fokus nicht auf sich selbst und

die eigenen Bedürfnisse legen. Es geht nicht darum, schnellstmöglich einen Neuen zu finden. Sie sollen sich klarwerden darüber, wen oder was Sie wirklich brauchen.
Deshalb drei Verehrer, dann haben Sie immer eine Option, auch wenn Sie sich mal einsam fühlen. Einer hört immer zu, versprochen! Viele Griffe ins Klo lassen sich vermeiden, wenn Sie genau hinschauen.
Wenn Ihnen Ihr Bauchgefühl sagt, dass Ihre neue Flamme potenziell gefährlich werden kann, werfen Sie ruhig mal einen Blick ins polizeiliche Führungszeugnis. Ich kannte mal flüchtig einen Typen, bei dem sich später herausgestellt hat, dass er wegen schwerer Körperverletzung vorbestraft war und in einem Kneipenstreit seinem Widersacher die halbe Nase abgebissen hatte. Autsch. Schon besser, man weiß so was vorher.
Auch nicht ohne sind die berühmten Fernbeziehungen, eine grassierende Krankheit unserer Zeit. Meine Freundin Annika lebt in München, verliebte sich aber in einen Düsseldorfer. Er hieß Peter, spielte ihr am Telefon Katie Melua vor, erzählte ihr von seinen Träumen, fragte sie nach ihren, erkundigte sich beiläufig nach ihrem Kinderwunsch und ob sie lieber kirchlich oder standesamtlich heiraten wolle. Er machte alles richtig. Jeden Abend telefonierten sie bis tief in die Nacht, das Handy lief immer heiß, die Rechnung für dieses Kennenlernen schnellte in schwindelige Höhen. Vollkommen egal. Es schien die große Liebe.
Nach zwei Wochen besuchte sie ihn in Düsseldorf. Sie gingen ins Kino, danach Sushi essen, schließlich spazierten sie Arm in Arm zu seiner Wohnung. Der Gang in den fünften Stock eines nicht besonders attraktiven Gebäudes ohne Lift störte sie überhaupt nicht. Das, was sie hinter der Wohnungstür erwartete, dagegen schon.
Die Fenster des Schlafzimmers waren mit schwarzem Ton-

papier verdunkelt, normalerweise eine Methode von Junkies, die kein Tageslicht mehr ertragen können. Unter einem roten Bettüberwurf versteckt, fanden sich rund 2500 lose Seiten einer nie vollendeten Doktorarbeit. Das Mobiliar im Schlafzimmer bestand aus einem alten Bett und zwei Büroschränken, in denen sich Bücher vom Boden nach oben stapelten, darüber hatte er dann seine T-Shirts und Pullover gepackt.
Nach kurzer Zeit stellte sich heraus, dass er unter einer ernsthaften Form von Größenwahn litt. Er wollte mit seinem Start-up einem großen Telefonkonzern Konkurrenz machen, ein Unterfangen, das selbstverständlich zum Scheitern verurteilt war. Außerdem rief er täglich seine Mutter an und litt unter diversen Zwangsneurosen. Da macht sich frau schon ihre Gedanken. Annika litt furchtbar unter der Situation, nach acht Monaten war dann auch alles wieder vorbei.
Mal ganz ehrlich: Wenn sich Annika mehr Zeit gelassen hätte, die Wohnung vorher gesehen und sein Verhalten über mehrere Wochen beobachtet hätte, dann hätte sie diesen Mann wohl nie ernsthaft in Erwägung gezogen.
Oder nehmen Sie Claus. Claus, Besitzer eines mittelständischen Unternehmens in Österreich, umgarnte Claudia nach allen Regeln der Kunst. Er fuhr mehrmals nach München, um sie zu sehen, überraschte sie mit einem verlängerten Wochenende in einem Luxus-Romantik-Hotel und stellte ihr nach vierzehn Tagen schon seine Familie vor.
Claudia war sich sicher: Claus meint es ernst. Er führte sie in seinen Bekanntenkreis ein, nahm sie mit auf jede Party, gab ihr das Gefühl von Sicherheit und Geborgenheit. Als sie sich dann auf ihn einließ, sich richtig in ihn verliebte, veränderte er sich.
Plötzlich tauchte er tagelang ab, sprach von Geschäften in Beirut, schwärmte dann aber wieder von zukünftigen gemeinsa-

men Urlauben und von den vielen Plätzen, die er ihr noch zeigen wolle.

Doch sie wurde skeptisch. Erst viel später erzählte sie mir, dass er Jäger war und sogar einen seiner Jagdhunde im Alter von einem Jahr im Wald erschossen habe mit der Begründung: »Der wurde mir zu anhänglich.«

Nach drei Monaten meldete sich Claus einfach nicht mehr. Ehrlich gesagt, bin ich im Nachhinein froh, denn wer weiß, ob er sich ihrer nicht auch irgendwann mit einer Knarre im Wald entledigt hätte. Was für ein Freak, oder? Aber es war ihm definitiv anfänglich nicht anzumerken.

Claudia war übrigens auch sehr enttäuscht von seinem Verhalten. Das ist ja das Schlimme: Bei diesen Typen ist die Fallhöhe auch so groß. Es gibt ziemlich üble seelische blaue Flecken, wenn man direkt von Wolke sieben geschubst wird.

In den ersten vier Wochen brillieren sie alle. Daher gilt auf der Suche nach Mr Right die Parole: Üben Sie sich in Geduld. Wenn er sich wirklich für Sie interessiert, dann lässt er Ihnen auch Zeit. Da können Sie sich sicher sein. Und Sie wollen mit ihm schließlich Ihr Leben verbringen, oder? Da kommt es auf einen Monat mehr oder weniger doch auch nicht an.

Es geht um Sie! Lassen Sie sich nicht pflücken. Entscheiden Sie selbst, ob und wann Sie einer neuen Liebe eine Chance geben. Vielleicht kommt es dann sogar zum »Finale«.

Finale: Hochzeit mit einem Fußballfan

Grundsätzlich gilt: Am besten legen Sie die Hochzeit mit einem Fußballfan in die Sommerpause und dann noch in ein ungerades Jahr, denn da finden weder Welt- noch Europameisterschaften statt. Und Sie wollen doch Ihr Jawort nicht durchkreuzt wissen von einem lauten: »Jetzt mach ihn doch endlich rein, du Vollidiot!!!«

Sollten Sie kein Jahr warten wollen, so checken Sie den Spielplan des Lieblingsvereins Ihres Zukünftigen, denn Sie bekommen keinen Schalker oder Dortmunder beim Derby vor den Altar. Sie laufen wirklich Gefahr, dass der Mann nicht erscheint. Im Ruhrpott heiratet niemand während eines Derby. Das dürfen Sie nicht persönlich nehmen. Der Papst hat Weihnachten und Ostern schließlich auch Termine.

Ein besonderes Hochzeitsbonbon gibt es für alle Anhänger von Königsblau: Echte Schalker lassen sich gerne in der Kapelle der Veltins-Arena trauen, sogar der Pfarrer dort ist Schalke-Fan. Die Gelsenkirchener Kirchengemeinde stört sich auch ganz offiziell nicht daran, wenn die Vereinszugehörigkeit am wichtigsten Tag im Leben optisch demonstriert wird. Ja, es gehört nicht in die Kategorie stilsicher, aber blauweiße Hochzeitskleider sind da keine Seltenheit.

So weit muss man ja nicht gehen. Aber stellen Sie sich vor: Beinahe jede Woche finden in der Arena-Kapelle Hochzeiten und Taufen statt, so fußballverrückt kann nur das Ruhrgebiet sein!

Auch in Dortmund können Sie im Signal-Iduna-Park heiraten, also natürlich nur, wenn auch Sie das wirklich wollen. Der Presse war zu entnehmen, dass ein glühender BVB-Anhänger in einem extra angefertigten schwarz-gelben Nadelstreifenan-

zug, dazu BVB-Unterhose, -Krawatte und -Socken seiner Liebsten den Ring übergestreift hat. Seine Frau erschien – man möchte an dieser Stelle einwerfen »Gott sei Dank!« im Mittelkreis des Rhein-Energie-Stadions allerdings in Weiß.
Christoph Daum, mehrfach Trainer des 1. FC Köln, hat seiner Frau Angelika im Mittelkreis des Rhein-Energie-Stadions das Jawort gegeben. Pünktlich um 15.30 Uhr an einem Samstag, zur Anstoßzeit der Bundesliga, als der FC noch in der Zweiten Liga spielte, gelobten sie sich ewige Treue, bis dass der Tod sie scheide. Ein »Ja« am Anstoßpunkt. Warum nicht, wenn beide Fußball lieben?
Für einen Fan spielt der Verein auch am wichtigsten Tag seines Lebens eine Rolle. An den Tag will er sich schließlich genauso erinnern wie zum Beispiel an den 8. Juli 1990, als Deutschland zum bis dato letzten Mal Weltmeister wurde. Oder an die jüngste Meisterschaft seines Vereins. Und Sie sollten ihm das nicht nehmen, denn sein Verein gehört schon länger zu ihm als Sie. Was nicht persönlich gemeint ist.
Kleine Zugeständnisse sind also durchaus denkbar. Ein Strumpfband in grün vielleicht, wenn er Werder-Anhänger ist? Ist doch nicht so schlimm … Diese Hochzeitsnacht wird ihm ewig in Gedächtnis bleiben (na ja, wir gehen davon aus, dass es ohnehin keine zweite gibt). Keine Panik, Sie sollen die Flitterwochen nicht am Weserstrand verbringen, und auf Maui oder den Malediven ist an Fußball nun wirklich nicht zu denken. Aber wie wäre es mit einem VIP-Ticket für die Champions League zur Hochzeit? Oder zumindest einem Sky-Bundesliga-Abo?
So könnten Sie ihm zeigen, dass Sie seine Interessen respektieren. Ich an Ihrer Stelle würde ja auch mitgehen zum Champions-League-Spiel, aber das sei Ihnen überlassen …
Es geht ja nur um die Geste. Sie werden Ihr Leben lang davon

profitieren, wenn Sie klaglos akzeptieren, dass er zur Hochzeit seine lustigen Freunde aus dem Stadion einladen kann. Immerhin dürfen Sie ja auch Ihre Freundinnen am Hochzeitstag dabeihaben. Stimmt's? Da sind Männer in der Regel doch sehr großzügig.

Zugeständnisse an sein größtes Laster haben noch einen anderen großen Vorteil. Sollten Sie Ihre Schwiegermutter nicht leiden können, seien Sie gewiss, dass Sie Ihre Großzügigkeit kaum ertragen wird. Ein herrlicher Nebeneffekt, finden Sie nicht?

Umgekehrt müssen Sie natürlich Grenzen setzen. Ein Ratespiel zur WM 1990 geht natürlich zu weit. Er will zu seinem Cut wirklich den Vereinsschal tragen? Puh, das können Sie ihm bestimmt ausreden, die Vereinsunterhose tut es schließlich auch, und die sieht man wenigstens nicht. Der »Stern des Südens« oder »Leuchte auf mein Stern Borussia« sowie »Blau und Weiß, wie lieb ich dich« (Vereinslieder des FC Bayern, von Borussia Dortmund und Schalke 04) läuft maximal auf der Party, nicht in der Kirche!

Natürlich immer ausgehend von dem Standpunkt, dass Sie nicht der größte Fußballfan waren, aber vielleicht am Ende dieses Buches vielleicht doch ein klein wenig auf den Geschmack gekommen sind ...

Trotzdem wollen wir es nicht übertreiben. Das soll schließlich der schönste Tag in Ihrer BEIDER Leben werden. Und da dürfen Sie keinesfalls zu kurz kommen. Neben Bier bleibt ja noch Platz für Champagner, im Hochzeitsessen stecken keine Vereins-Fähnchen, die Torte ist NICHT mit dem Logo seines Lieblingsvereins verziert, und keine Sorge, das Dessert kommt auch nicht in den Vereinsfarben.

Die Braut wird NICHT ins Stadion entführt, und ihr Trauzeuge endet auch NICHT mit einem Zitat von Günter Netzer. Schade, eigentlich. Nein, es soll ja auch Ihr schönster Tag werden, also reichen keinesfalls Stadionwurst mit Bier aus Plastikbechern. Das wäre eines solchen Tages unwürdig. Sie wollen doch eine schöne Party verleben.

Wenn Sie beide Fans sind, am besten noch des gleichen Vereins, dann gibt es natürlich unzählige Möglichkeiten, Ihren Klub in Ihre Hochzeit zu integrieren, auch was die Dekoration betrifft. Rosen in Schwarz-Gelb, Veilchen in Blau, rote Tischdecken für den FCK-Fan, weiße Rosen mit grünem Stiel für den Werderaner und so weiter …

Wie auch immer, ich persönlich träume davon, zu dem Stadion-Klassiker »You'll never walk alone« (mehr dazu finden Sie hinten im Anhang) in die Kirche »einzulaufen«. Ob der Pfarrer das allerdings mitmacht, weiß ich noch nicht so genau. Vom Dreivierteltakt her könnte es passen.

Und so, wie Sie vielleicht schon als kleines Mädchen davon geträumt haben, an der Hand Ihres Vaters ganz in Weiß die Kirche zu betreten, so hat Ihr Liebster von Kindheit an die Vision, wie er einmal im WM-Finale … – so wie damals eben: »Sechs Minuten noch im Wankdorf-Stadion in Bern. Keiner wankt. Der Regen prasselt unaufhörlich hernieder. Es ist schwer, aber die Zuschauer, sie harren nicht aus – wie könnten sie auch! Eine Fußballweltmeisterschaft ist alle vier Jahre, und wann sieht man ein solches Endspiel, so ausgeglichen, so packend, jetzt Deutschland am linken Flügel durch Schäfer, Schäfers Zuspiel zu Morlock wird von den Ungarn abgewehrt, und Bozsik, immer wieder Bozsik, der rechte Läufer der Ungarn am Ball. Er hat den Ball verloren diesmal, gegen Schäfer – Schäfer nach innen geflankt – Kopfball – abgewehrt – aus dem Hintergrund müsste Rahn schießen – Rahn schießt! – Tooooor! Tooooor! Tooooor! Tooooor! …« (Originalkommentar von Herbert Zimmer-

mann beim entscheidenden 3:2 von Helmut Rahn in der 84. Minute im WM-Finale 1954).
Sollten Sie demnächst einen Fußballfan heiraten, wünsche ich Ihnen alles Gute dazu. Sie haben sich sicherlich ein phantastisches Exemplar geangelt. Und Sie haben es sich verdient! Auch wenn er diese eine kleine Macke hat …

Und denken Sie immer daran: »You'll never walk alone …«

ANHANG

So überstehen Sie jeden Fußballnachmittag

Sie haben Angst, sich mit Ihrem Freund ein Fußballspiel anzusehen, weil Sie sich immer wieder als Neuling outen? Sie wollen bei seinen Kumpels keine Häme für Ihre Bemerkungen ernten? Das ist durchaus verständlich.

Hier finden Sie universelle und auch spezifische Bemerkungen oder Fragen, mit denen Sie garantiert verwunderte bis bewundernde Blicke ernten ob Ihres großen Fachwissens. Versuchen Sie, dabei so entspannt wie möglich zu wirken, werfen Sie die Bemerkungen beiläufig ein, vielleicht gähnen Sie kurz und sagen dann während eines Bayern-Spiels oder einer Partie der deutschen Fußball-Nationalmannschaft:

»Der Schweinsteiger ist ein echter Typ geworden, seit er auch auf der Sechs spielen kann …«
(Die »6« bezeichnet den Part des defensiven Mittelfeldspielers. Schweinsteiger spielt sowohl dort als auch auf der »10«, sprich als Regisseur des Spiels im offensiven Mittelfeld.)

Fragen Sie mal in die Runde: »Mourinho ist für mich der beste Trainer der Welt, er hat immerhin mit zwei Klubs die Champions League gewonnen, aber er trainiert Real Madrid. Messi ist der beste Spieler der Welt – und der spielt bei Barcelona. Wer also ist stärker: Real oder Barca?«
(In jüngster Zeit hatte Barcelona oft die Nase vorn, aber Real ist Rekordsieger in Sachen Europapokal der Landesmeister und Champions League mit neun Titeln und auch spanischer Rekordmeister mit 31 Titeln.)

»Mats Hummels ist einer der besten Innenverteidiger Deutschlands, keine Frage. Aber wusstet ihr, dass sein kleiner Bruder Jonas eigentlich noch talentierter ist, leider aber durch eine schwere Verletzung zurückgeworfen wurde?«
(Jonas Hummels von der Spielvereinigung Unterhaching erlitt zu Saisonbeginn 2011 / 2012 einen Kreuzbandriss und fiel lange aus. Er gilt als kopfballstärker und sogar schneller als sein Bruder. Traum der beiden: als Brüder-Innenverteidiger-Paar die WM 2014 in Brasilien zu spielen.)

Wenn Ihre Freunde ein paar Bierchen zu viel intus haben, verweisen Sie auf die Trainerlegende Max Merkel, der einmal berichtete:
»Im Training habe ich mal die Alkoholiker meiner Mannschaft gegen die Antialkoholiker spielen lassen. Die Alkoholiker gewannen 7:1. Da war's mir dann wurscht. Da hab ich gesagt: Sauft's weiter.«

Auch ein immer wieder gern genommenes Zitat von Lukas Podolski:
»Wir dürfen jetzt nicht die Ärmel in den Sand stecken und müssen die Köpfe hochkrempeln.«

Bei einer schändlich und sträflich vergebenen Chance sagen Sie, wenn alle ihren Unmut über die Unfähigkeit des Stürmers zum Ausdruck gebracht haben:
»Aber dass es überhaupt zu so einer Möglichkeit kommen konnte, spricht auch nicht gerade für Sicherheit in der gegnerischen Abwehr.«

Im Falle eines Treffers hören Sie dem Kommentator gut zu. Merke: Tore entstehen immer dann, wenn der Schütze etwas besonders gut gemacht hat, oder bei Fehlern der Abwehr. Sonst stünde es ja ewig null zu null. Also achten Sie darauf, ob der Treffer regulär erzielt wurde.

Kommt im Fernsehen plötzlich eine Linie, eine sogenannte »virtuelle Grafik«, fragen Sie sofort: *»Also war das Abseits?«* Der Kommentator wird es gleich sagen, aber Sie haben schon erkannt, worum es geht. Das traut Ihnen bestimmt eh keiner zu. Dann murmeln Sie einfach nach, was der Kommentator zum Besten gibt. *»Stimmt, kein Abseits.«*
Oder: »Hmm. Knappe Entscheidung. Da möchte ich nicht an der Linie stehen.«
Oder auch: »Ganz klar Abseits. Die Linie hätte ja jetzt keiner gebraucht.«
Stellen Sie sich vor, welche Blicke Sie jetzt ernten … Großartig!

Bei einem besonders üblen Foul dürfen Sie gerne Ihren Zuhörern sagen, wie sehr Sie mit dem Betroffenen mitleiden. Aber hüten Sie sich vor Sätzen wie: *»Oh, das ist aber gemein!«* So etwas klingt nicht besonders fachkompetent, Fußball ist ein harter Männersport!
Rufen Sie lieber laut nach einer Roten Karte, falls die nicht kommt, beschimpfen Sie den Schiedsrichter oder stimmen den ewigen Gesang an: »Schiri, wir wissen, wo dein Auto steht, fahr Bus und Bahn, fahr Bus und Bahn …« Auweia.

Aber checken Sie zuerst, ob Ihre Mitseher Fans des Teams sind, zu dem der Gefoulte gehört. Unfaire Kommentare wie »Schauspieler« müssen ja nicht sein. Sie sind schließlich eine Lady.
Trotzdem dürfen Sie nach Herzenslust über Moderatoren und

Kommentatoren lästern. Dazu sind wir schließlich auch da. Ich meine, Sie dürfen uns natürlich auch gerne loben, herzlich gerne sogar, aber manchmal macht es viel mehr Spaß, sich so richtig über diese Fernsehmenschen aufzuregen. Über mich dürfen Sie also ruhig sagen:
»Argh, diese Kastrop kann ich nicht sehen, die hat doch überhaupt keine Ahnung. Nur weil der mal so'n Ball an den Kopf geflogen ist. Und dann soll die ja auch noch FCK-Fan sein! Wer wird denn so etwas, wenn er noch bei vollem Verstand ist? …«
Damit werden Sie einige auf Ihre Seite ziehen. Aber – ähm – hoffentlich nicht alle.

Beim Beginn eines Champions-League-Spiels rate ich Ihnen noch zu Folgendem: Gleich am Anfang wird die Hymne der Königsklasse gespielt. Ein wunderbarer Moment, um zu sagen:
»Ehrlich, diese Musik, these are the champions, die Meister, die Besten … Da bekomm ich immer Gänsehaut.«

Vielleicht stellen Sie auch einfach Fragen, deren Antworten Sie zwar schon kennen, aber mit einem schönen Klugscheißeralarm die anderen bloßstellen können.

»Wie hoch und breit ist eigentlich ein Tor?«, könnten Sie raunen. (Antwort: Der Abstand zwischen den Innenkanten der Pfosten beträgt 7,32 Meter. Die Unterkante der Querlatte ist 2,44 Meter vom Boden entfernt.)

»Wie viel wiegt eigentlich der Ball?«
(Antwort: zwischen 410 und 450 Gramm zu Beginn des Spiels)

Aber fragen Sie nicht, warum die Spieler keine Eheringe tragen. Schmuck ist beim Fußball verboten.
Und wenn Sie mal gar nicht weiterwissen, dann hilft immer noch der Dackelblick: *»Schatz, willst du mir nicht doch das Abseits erklären …«*

Außerdem empfiehlt es sich, die wichtigste Hymne des internationalen Fußballs mitsingen zu können. Ursprünglich komponiert für das Broadway-Musical »Carousel« als Finale, wird in dem Lied eigentlich eine Schwangere ermutigt, den Tod ihres Mannes zu überwinden. Der Song wurde 1945 veröffentlicht und hatte eine emotionale Wirkung vor allem auf die Angehörigen, die um ihre Liebsten im Zweiten Weltkrieg bangen mussten.

Mittlerweile ist es das Fußballlied schlechthin und wird in Fanblocks auf der ganzen Welt gesungen. Die berühmtesten Stadien, in denen das Lied gesungen wird, sind Anfield, das Heimstadion des FC Liverpool, und der Celtic Park, die Heimstätte von Celtic Glasgow. Mittlerweile wird es nicht nur beim Fußball gesungen, sondern erschallt auch in vielen Eishockeystadien.

In England war »You'll never walk alone« dreimal die Nummer 1 in den Charts, das berühmteste »Cover« stammt von Gerry & the Pacemarkers. Hier der Text zum Mitsingen:

»When you walk through a storm
Hold your head up high
And don't be afraid of the dark.
At the end of the storm
There's a golden sky

And the sweet, silver song of a lark.
Walk on, through the wind,
Walk on, through the rain,
Though your dreams be tossed and blown.
Walk on, walk on with hope in your heart,
And you'll never walk alone,
You'll never walk alone
Walk on, walk on with hope in your heart,
And you'll never walk alone,
You'll never walk alone«

Wenn Sie diesen Text mitsingen können, wird jeder glauben, Sie wären schon hundert Mal im Stadion gewesen. Garantiert!

Typologie der Vereinsanhänger: Nenn mir seinen Verein, und ich sage dir, wer er ist …

FC BAYERN MÜNCHEN: Erfolgsorientiert. Kein schüchterner Typ, eher einer, der weiß, was er will. Erfolgsverwöhnt, leidet ungern. Fühlt sich in gewisser Weise überlegen, was daran liegt, dass er dem erfolgreichsten deutschen Klub anhängt. Singt aus vollem Hals »Stern des Südens«, macht aber keinen aggressiven Eindruck. Ist sich durchaus der Tatsache bewusst, dass er polarisiert.
Berühmte Bayern-Fans: Boris Becker, Thomas Gottschalk, Kai Pflaume.

BORUSSIA DORTMUND: Meist Fans aus dem Pott und Westfalen. Infolge der großen Erfolge in den Neunzigern und der Meisterschaft 2011 gibt es aber auch eine große überregionale Fangemeinde. Ehrlich, treu, bodenständig, auch oft humorvoll, so wie ihr Trainer Jürgen Klopp. In ständiger Rivalität verhaftet mit dem FC Schalke 04. Lieben ihren Verein mit wahrer Inbrunst, sind auch bei Auswärtsfahrten sehr aktiv.
Berühmte BVB-Fans: Dietmar Bär, Joachim Król, Marius Müller-Westernhagen.

FC SCHALKE 04: Traditionsverein aus Gelsenkirchen. Logischerweise der größte Rivale von Borussia Dortmund. Auch ein Schalker trägt das Herz auf dem rechten Fleck – Sie müssen aber damit rechnen, dass er seinem Verein recht viel unterordnet. Auf jeden Fall leidensfähig (siehe Meisterschaft der Her-

zen 2001), loyal und ausdauernd. Ein direkter Typ, der sagt, was er denkt.
Berühmte Schalke-Fans: Peter Lohmeyer, Gipsy King.

WERDER BREMEN: Dynamisch, oft erfolgreich, aber auch an Niederlagen gewöhnt. Sehr treu, der Verein wechselt selten seine Trainer (Thomas Schaaf ist der dienstälteste Coach der Bundesliga), die Fans selten ihre Frauen. Ein geradliniger Mann mit Hang zu hanseatischem Understatement. Meist ein witziger Zeitgenosse. Weit vorne in Sachen intellektueller Humor, siehe den wunderbaren Stadionsprecher Arnd Zeigler.
Berühmte Bremen-Fans: Jörg Wontorra, Jan Delay.

1. FC KÖLN: Charmanter Traumtänzer. Druckt heimlich jede Saison im Keller Karten für die Champions League. Glaubt, dass sein Klub eigentlich gegen Real Madrid oder den FC Barcelona spielen sollte. Ist dabei aber tolerant, lustig und ein bisschen verrückt. Mit einem FC-Fan werden Sie garantiert immer viel Spaß haben! Singt im Stadion auch außerhalb der Session Karnevalslieder. Definitiv zu empfehlen. Viva Colonia!
Berühmte FC-Fans: Wolfgang Niedecken, Michael Schumacher, Martin Kaymer, Lena Meyer-Landrut, Stefan Raab.

BORUSSIA MÖNCHENGLADBACH: Stolz aufgrund der glorreichen Vergangenheit des Klubs. Rheinische Frohnaturen, die aber doch zum Pessimismus neigen. Gutherzig, ist er meistens für den Underdog, da er sich selbst immer als Underdog fühlen wird. Pflegt eine Art »Hassliebe« zu seiner Stadt und seinem Verein. Sie selbst dürfen ausgelassen darüber meckern, aber wehe, ein anderer sagt etwas Böses – dann

werden die Krallen ausgefahren. Im Grunde genommen größter Rivale des FC-Fans.
Berühmter Gladbach-Fan: Günter Netzer.

BAYER LEVERKUSEN: Muss viel einstecken, da der Verein in der Fanszene nicht immer die Anerkennung findet, die ihm sportlich gebührt. Hat auch viel einstecken müssen in der Saison 2001/2002, als Leverkusen die Chance auf drei Titel hatte – und am Ende zwei Endspiele (DFB-Pokal und Champions League) verlor und Vizemeister wurde. Gibt sich aber durchaus selbstironisch, trägt T-Shirts mit der Aufschrift »Vizekusen« oder »Werkself«. Ein Indiz, dass er sich nicht ganz so wichtig nimmt – ein Zug, der auch einer Partnerschaft förderlich ist.
Berühmte Bayer-Fans: Rudi Völler, Ralf Schmitz, Henry Maske.

HANNOVER 96: Da fällt mir doch gleich mein Kollege Oliver Pocher ein, sozusagen Hannover-Fan Nummer 1. Schlagfertig, witzig und weitaus emotionaler, als man annehmen könnte. Treu, bodenständig.
Berühmter H96-Fan: Oliver Pocher.

VFB STUTTGART: Im Ländle regiert der VfB! Der Fan ist geprägt durch seine schwäbischen Eigenschaften wie Fleiß, Finderglück, Zähigkeit, Ausdauer, Disziplin, Verlässlichkeit. Eine kleine Portion Sturheit im positiven Sinne gehört natürlich auch dazu.
Berühmter VfB-Fan: Peter Schilling.

1899 HOFFENHEIM: Noch nicht so lange dabei. Tief mit seiner Heimat verbunden, stolz auf die Vision des ehemaligen

SAP-Mitbegründers Dietmar Hopp, der seinen ehemaligen Klub, bei dem er als Jugendlicher Fußball spielte, in die Bundesliga brachte. Hoffenheim wird oft mangelnde Tradition vorgeworfen, doch sportlich gesehen hat der Klub schon schöne spielerische Momente hervorgebracht.
Berühmter Hoffenheim-Fan: Franziska van Almsick.

HERTHA BSC: Der Hauptstadtfan leidet genauso gern wie seine launische Diva. Er liebt sein Berlin wie seinen Klub, kennt die Schwächen und die Vorzüge. Wie im Song von Peter Fox »schwarz zu blau«: »Guten Morgen Berlin, du kannst so hässlich sein, so dreckig und grau, du kannst so schön schrecklich sein, deine Nächte fressen mich auf. (...) Du bist nicht schön und das weißt du auch, dein Panorama versaut, siehst nicht mal schön von weitem aus, doch die Sonne geht gerade auf, und ich weiß, ob ich will oder nicht, dass ich dich zum Atmen brauch ...«
Berühmte Hertha-Fans: Günther Jauch, Johannes B. Kerner.

1. FC KAISERSLAUTERN: Echte Fans, auch in der Pfalz taugt der Fußball – sprich der FCK – zur Religion. Nicht besonders leicht zufriedenzustellen. Treu, tief mit dem Verein verwurzelt, der Fan kommt vorwiegend aus der Region. Starke Identifikation mit dem Verein, da strukturschwache Gegend. Zehrt von den großen Erfolgen in den 90er Jahren – und den ganz großen Zeiten, als noch Fritz und Ottmar Walter auf dem Betze spielten und der FCK den Kern der Weltmeister-Mannschaft von 1954 stellte. Höchstgelegenes Stadion Deutschlands, wird auch als »Festung Betzenberg« bezeichnet.
Berühmte FCK-Fans: Kurt Beck, Fritz und Ottmar Walter.

HSV: Hanseatische Prägung. Man braucht lange, um ihn zu knacken, aber dann hat man einen Mann oder Freund fürs Leben. Der Hamburger hält nichts von schnellen, oberflächlichen Beziehungen. Wen er einmal in sein Herz geschlossen hat, der kommt da auch so schnell nicht mehr raus.
Berühmte HSV-Fans: Olli Dittrich, Moritz Bleibtreu, Uwe Seeler.

MAINZ 05: Studentisches Umfeld, tolerante und selbstironische Fans. Singen gerne: »Wir sind nur ein Karnevals-Verein ...« Keine Skandale, gradlinige Typen, so wie Präsident Harald Strutz (der übrigens auch in der Rockband »the stags« singt) und Manager Christian Heidel. Freundliches Wesen, nie größenwahnsinnig, optimistisch, fröhlich.
Berühmte Mainz-Fans: Andrea Kiewel, Kardinal Karl Lehmann.

1. FC NÜRNBERG: Clubberer sind eine verschworene Gemeinschaft. Sie pflegen mit der Spielvereinigung Greuther Fürth die älteste Rivalität im deutschen Fußball. Fränkisch stolz.
Berühmter Club-Fan: Kathrin Müller-Hohenstein.

Literatur

Ronald Reng: »Robert Enke – Ein allzu kurzes Leben« (Piper Verlag)

Bernhard Moestl: »Die Kunst, einen Drachen zu reiten – Erfolg ist das Ergebnis deines Denkens« (Knaur Taschenbuch)

Ursula Nuber: »Was Paare wissen müssen – 10 Grundregeln für das Leben zu zweit« (Fischer Taschenbuch Verlag)

Ekhart Tolle: »Jetzt! Die Kraft der Gegenwart« (J. Kamphausen Verlag)

Nick Hornby: »Fever Pitch. Ballfieber – die Geschichte eines Fans« (Verlag Kiepenheuer & Witsch)

Hans Jellouschek: »Wie Partnerschaft gelingt – Spielregeln der Liebe« (Herder Verlag)

Christian Thiel: »Was glückliche Paare richtig machen – die wichtigsten Rezepte für eine erfüllte Partnerschaft« (Verlag campus)

Ellen Fein, Sherrie Schneider: »Die Kunst, den Mann fürs Leben zu finden – alle Regeln in einem Band« (Piper Verlag)

Interview »Wirtschaftswoche« 2008 mit Bernd Sprenger, Chefarzt der Oberbergklinik in Brandenburg

Stephan und Andreas Lebert, »Männerbund fürs Leben – Vater und Sohn: Wie spielt man diese Rollen heute? Eine Rundreise durchs Vaterland der Gefühle«, in: *Zeit Lebensart*

Gunter Schmidt: »Wir sehen immer mehr Lustlose. Zum Wandel sexueller Klagen«, in: *Familiendynamik*, 23. Jg, Heft 4, 10/98

Dr. med. Eckart von Hirschhausen: »Glück kommt selten allein« (rowohlt Verlag)

Danksagung

An dieser Stelle möchte ich zunächst allen Menschen danken, die dieses Buch gelesen haben! Sie haben mir Ihr kostbarstes Gut geschenkt, Ihre Lebenszeit! Dafür danke ich Ihnen von Herzen. Wenn Sie nicht wären, hätte dieses Buch überhaupt keinen Sinn.

Und natürlich gebührt den Personen mein Dank, die mir bei diesem Buch geholfen haben. Allen voran das Büro Lönne mit seiner Geschäftsführerin Anke Lönne, da wir gemeinsam die Idee dazu geboren haben. Anke, das war ein besonderer Moment damals im Café Feringa an der Haltestelle Unterföhring der S8. Wer hätte das gedacht! Liebe Stefanie Hess (Droemer Knaur Verlag), Ihnen herzlichen Dank, dass Sie sofort an das Buch geglaubt haben.

Liebe Frau Silvia Steger-Kaspar, danke, dass Sie mir bei diesem Buch und in vielen anderen Situationen in meinem Leben mit Ihrem Rat zur Seite standen.

Die Geschichten in diesem Buch beruhen natürlich auch oft auf Erzählungen meiner Freundinnen. Diese Frauen haben einen ganz besonderen Platz in meinem Herzen, ohne sie hätte ich so manchen Liebeskummer nicht überwunden: Oezlem Ahmetoglu, Katja Setzer, Simone Wagner, Sabine Magnet, Alexandra Trost, Johanna Hölzl, Andrea Grobe, Nicole Sponziello.

Natürlich gilt der Dank auch meinen Eltern und Sven Froberg, ohne die ich es nie geschafft hätte.

Ich danke sämtlichen Personen, die mich zu diesem Buch inspiriert haben. Einige Namen habe ich lieber vergessen.

Christiane Malsch, du bleibst immer eine der wichtigsten Begleiterinnen meines Lebens.

Philipp, du hast mir immer wieder die Augen geöffnet. Danke.

Oliver Stöwing

BLÖDER PRINZ, DU KANNST MICH MAL

Wahre Geschichten von missglückten Dates – und einem Happy End

Auf der Suche nach dem Traumprinzen muss man viele Frösche küssen, und so manches vielversprechende Date endet plötzlich als Desaster. Oliver Stöwing hat die besten Pannengeschichten vom ersten Kennenlernen versammelt. Er lässt zahlreiche Dating-Opfer zu Wort kommen und erklärt aus Expertensicht, ob und wie die Situation zu retten gewesen wäre.
Für Schadenfrohe und alle, die trotz missglücktem Date die Hoffnung nicht aufgeben.

KNAUR TASCHENBUCH VERLAG

Antje Steinhäuser,
Veronika Immler

ALLES, WAS EINE FRAU WISSEN MUSS

Warum wirkt Schokolade als Schmerzmittel? Weshalb gehen Frauen immer zu zweit auf die Toilette? Und wie war das jetzt noch mal mit der Abseitsregel?
Ob Psychologie, Mode, Klatsch, Kultur oder die Anleitung zur Eroberung vermeintlicher Männerdomänen – in diesem für jede Frau unverzichtbaren Accessoire finden Sie Nützliches, Wissenswertes und Unterhaltsames für alle Lebenslagen.

KNAUR TASCHENBUCH VERLAG

Okka Gundel

ELF FREUNDINNEN MÜSST IHR SEIN

Warum Frauenfußball begeistert

Die Zukunft des Fußballs ist weiblich: Vorbei sind die Jahre, in denen Frauenfußball als uncool galt. Die deutsche Mannschaft zählt zu den besten Teams überhaupt und hat Welt- und Europameistertitel gleich in Serie gewonnen.
ARD-Sportschau-Moderatorin Okka Gundel versammelt hier die persönlichen Geschichten und Highlights der deutschen Fußballfrauen – von Bundestrainerin Silvia Neid bis Steffi Jones, von Birgit Prinz bis Alex Popp – und gewährt einen exklusiven Blick in die Mannschaftskabine.
Neben Fahne und Trikot ein absolutes Muss für alle Fans.

KNAUR TASCHENBUCH VERLAG